KB242088

스코어를 확실하게 줄일 수 있는

골프 연습 365

ゴルフ練習帳
確実に上達するためのバイブル

Text copyright © 1999 by Hiroshi TAHARA
Illustrations copyright © 1999 by Maki MUTO
First published in Japan in 1999 under the title "GOLF RENSHUCHO"
by PHP Institute, Inc.
Korean translation rights © 2006 Koryo.com publishing co.
Korean translation rights arranged with PHP Institute, Inc.
through Japan Foreign-Rights Centre & EntersKorea Co., Ltd.

스코어를 확실하게 줄일 수 있는

골프 연습 365

타하라 히로시 지음 | 차병기 옮김

고려닷컴

상대방의 미스샷을 깊이 새겨 보라

골프는 연습중에 고민을 하기 시작하면 절대로 실력이 늘지 않는다. 프로가 된 후의 내가 바로 그 장본인이다. 골프는 정지해 있는 볼을 치는 간단한 게임이므로 누구든 처음 골프에 입문한 사람은 단기간에 골프를 잘 칠 수 있으리라는 자신감에 빠지게 된다. 그러나 어느 정도 시간이 지나면 돌연 시행착오를 겪게 되며 그때부터 고민에 빠져들기 시작한다.

나도 그러했다. 1년 2개월 만에 싱글이 되었으며 골프에 입문한 지 6년 만에 프로 테스트에 합격했다. 여기까지는 정말로 각본에 짜여진 듯한 성장이었다.

그러나 프로 세계에 발을 디딘 순간 내 앞에는 커다란 벽이 하나 있었다. 투어 프로로서 비거리가 짧은 것이었다. 이 핸디캡을 극복하기 위해 나는 헬스클럽에도 다녔고, 연습량도 예전보다 늘리며 생각할 수 있는 방법은 모두 동원하였다. 그러다 비거리 부족에 대한 고민을 해결하는 힌트를 세계적인 톱 프로의 이론에서가 아니라 내 주위의 주말 골퍼들로부터 얻었다. '비거리를 내기 위해서는 양팔의 자세를 삼각형으로 유지한 채 큰 원을 그리면서 백 스윙을 취한다' 주말 골퍼가 이 격언을 너무 의식하며 연습하는 장면을 보았다. 그 순간, 자세에 집착하면 할수록 비거리를 내는 데 중요한 요소인 헤드 스피드는 죽고 만다는 사실을 깨우치게 되었다. 비거리를 내는 연습은 클럽의 헤드 스피드를 빠르게 하는 것부터가 시작이다.

그때부터 나만의 도전이 시작되었다. 중점 연습 항목은 다음의 두 가지였다. 하나는 왼쪽 허리 높이까지 클럽 헤드를 가져간 후 그 위치에서 순간적으로 스윙을 하는 것이다(38페이지 참조). 두 번째는 공을 셋 업 한 후 클럽 뒤에 공을 하나 더 놓는 것이다. 그런 후에 뒤쪽의 공을 뒤쪽 방향으로 힘껏 날린다는 기분으로 클럽 헤드를 톱 위치까지 가져간 후 스윙을 하는 것이다.

이런 식으로 이 책에서는 나의 체험을 중심으로 독자들이 간단히 할 수 있는 연습 방법을 소개하고 있다. 이 책의 여러 가지 연습 방법의 힌트는 세계적인 프로의 이론에서보다는 내 주위에 있는 주말 골퍼들이 흔히 범하는 미스 샷의 원인에서 얻었다.

마지막으로, 연습장에서 볼을 잘 치려고 노력하는 것보다는 똑같은 동작을 반복적으로 행할 수 있는 정신력을 기르는 것이 골프를 잘 칠 수 있는 지름길임을 말하고 싶다. 이것이야말로 필드에서 실력을 발휘할 수 있는 원동력이다. 또한 자신의 미스를 줄이기 위해서는 상대방의 미스를 깊이 새겨 보라고 조언한다.

타하라 히로시

LESSON 1 기초 편

LESSON 2 우드 편

LESSON 3 아이언 편

LESSON 4 어프로치 편

LESSON 5 퍼트 편

LESSON · 1

기초 편

매일 아침 거울을 보면서 자신의 어드레스를 확인한다

어드레스를 유형별로 나누면 크게 Y자형과 역 K자형으로 구분할 수 있다. 자신의 어드레스 형태가 어느 쪽에 속하는지, 매일 아침 거울을 보면서 확인하는 습관을 기르자.

Y형   역K형

어드레스는 사람마다 조금씩 다르기 때문에 자신에게 가장 적합한 어드레스를 찾는 것이 중요하다. 자신에게 맞는 어드레스는 자연스럽게 테이크 백을 할 수 있으며 기분 좋게 스윙할 수 있는 포지션이라고 생각하면 된다. 그러한 어드레스를 찾은 다음에는 매일 아침 거울을 보면서 반복적으로 확인하는 것이 골프 연습의 첫걸음이다.

어드레스는 양손과 클럽에 의해 만들어지는 형태에 따라 크게 두 가지 유형으로 나눌 수 있다. 첫 번째는 양손과 클럽의 형태가 'Y자형'인 어드레스이며, 두 번째는 왼팔과 클럽이 일직선이 되도록 자세를 취하는 '역K자형' 어드레스다.

어느 쪽 어드레스가 더 나은지에 대해서는 한마디로 잘라 말할 수 없지만, 아마추어 골퍼에게는 'Y자형' 어드레스가 적합하다고 할 수 있다. 왜냐하면 'Y자형' 어드레스를 취한 골퍼는 다소 완력이 떨어지더라도 샤프트의 플렉스(휨)를 이용하여 자신 있게 클럽을 휘두르는 것이 가능하기 때문이다.

'역K자형' 어드레스는 상반신과 하반신이 조화를 잘 이루지 못하면 클럽을 휘두르는 것이 쉽지 않으며, 안정된 스윙에 이르기까지 다소 시간이 걸린다. 그렇지만 드라이버의 비거리를 늘리고 싶은 골퍼라면 '역K자형' 어드레스에 도전해 볼 만한 가지가 있다.

여기서 한 가지 주의해야 될 사항은 아무런 생각 없이 어떨 땐 Y자형 어드레스로, 어떨 땐 역K자형으로 어드레스를 바꾸는 것이다. 어느 쪽이든 자신에게 적합한 어드레스 형태를 정했다면 클럽과 양팔이 'Y자형'으로 되어 있는가, '역K자형'으로 되어 있는가를 매일 아침 거울 앞에서 확인하면서 그 어드레스에 익숙해지도록 연습하는 것이 스코어를 줄이는 첫걸음이다. 넥타이를 맬 때마다 겸사겸사 자신의 어드레스를 확인하길 바란다.

클럽을 머리 위로 들어올린 후 그 상태에서 몸 앞쪽으로 내린다

양발을 모은 상태에서 클럽을 얼굴 위로 올린다. 그 상태에서 얼굴 앞으로 클럽을 내리면서 클럽이 지면에 닿게 한다. 그런 다음 양다리를 벌려 어드레스를 취한다.

연습목적 **안정된 어드레스**

양어깨의 라인이 지면(비구선)과 평행이 되게 하기 위해서는 검도에서 흔히 볼 수 있듯이 검을 자신의 머리 위쪽에서 상대방의 얼굴 쪽으로 내려치는 자세로 클럽 헤드를 지면 쪽으로 내리면 된다. 이때 클럽 헤드가 닿은 지면이 스윙 궤도상의 최하점이 되며 거기가 볼을 치는 위치다.

좋은 샷을 구사하려면 양어깨의 라인이 비구선에 대해 평행이 되도록 어드레스를 취해야 한다. 이러한 어드레스를 취하기 위해서는 목표 라인에 대해 양발을 붙인 채로 스탠스를 취하는 연습을 한다.

대부분 아마추어 골퍼들은 자신의 양어깨 라인과 목표 라인이 평행인 상태로 어드레스를 취했다고 생각하지만, 미스를 범하는 대부분의 골퍼들의 어드레스는 비구선에 대해 양어깨의 라인이 목표 라인에 대해 오른쪽 또는 왼쪽으로 치우쳐 있다. 이러한 어드레스에서 스윙을 하면 대부분 뒤땅을 치든지 볼의 윗부분을 치게 된다.

양어깨의 라인과 목표 라인이 평행이 되도록 어드레스를 취하기 위해서는 다음과 같은 동작을 순서대로 행하면 된다. 먼저 양발을 붙인 상태에서 클럽을 잡는다. 그런 다음 클럽을 머리 위로 올린 후, 그 자세에서 몸 정면으로 클럽을 내려 클럽 헤드가 지면에 닿게 한다.

필드에서 어드레스 동작의 순서는 먼저 양발을 붙인 상태에서 자세를 잡은 후 클럽 헤드를 볼 쪽으로 가져간다. 이때 몸과 볼 사이의 거리가 적당한지 확인한다. 그런 후에 발을 벌려 스탠스를 취한다.

양손을 합친 후 오른손을 밑으로 내린다

정확한 그립을 마스터하기 위해서는 양손을 정확하게 합친 후 오른손을
조금 밑으로 내리는 연습을 한다. 그리고 이 동작에 어느 정도 익숙해지
면 클럽을 가지고 똑같은 연습을 한다.

연습목적 ## 그립의 기본

기본에 충실한 그립을 만들기 위해서는 양손을 합친 후 오른손을 조금 밑으로 내리는 연습을 하면 좋다. 여기서 중요한 점은 언제나 동일한 그립이 되도록 반복적으로 연습해야 한다는 것이다. 그리고 어느 정도 익숙해지면 실제로 클럽을 잡은 상태에서 연습한다.

필드에서 슬라이스나 훅이 나면 대부분의 골퍼들은 오른손을 조금 연 상태에서 클럽을 잡거나 아니면 조금 더 덮은 상태에서 클럽을 잡는 방법으로 슬라이스나 훅을 조절하지만 이러한 방법은 어디까지나 임시방편일 뿐이다. 이러한 방법을 사용하기보다는 기본에 충실한 그립으로 샷을 조절하는 것이 훨씬 효과가 크다.

언제나 똑같은 그립을 하기 위한 연습은 전철 안에서나 거실에서도 할 수 있다. 예를 들면 전철 안에서 우산이나 신문지, 주간지를 둘둘 말아 양손으로 잡는 정도로도 그립을 손에 익히는 연습이 가능하다. 또 거실에서 텔레비전을 보면서 드라이버로 그립 연습을 하는 것도 가능하다.

그립을 늘 똑같은 형태로 유지하기 위해서는 우선 양손을 합친 후 오른손을 밑으로 내리는 동작에 익숙해질 필요가 있다. 이 동작에 어느 정도 익숙해지면 그립을 잡는 동작을 연습해야 한다. 이 연습은 둘둘 만 신문지를 갖고도 가능하지만 숙달 단계에서는 클럽을 가지고 실제로 그립을 잡아본다. 그리고 처음에 그립이 어색하게 느껴지면 왼손만으로 잡기 쉬운 형태로 클럽을 잡은 후 신문지로 연습한 때와 동일한 요령으로 오른손을 클럽에 댄 후 조금 밑으로 내려 잡으면 된다. 슬라이스나 훅이 나올 때 오른손을 이용하여 그립의 위치를 바꾸는 방법으론 영원히 골프를 잘 칠 수 없다.

볼 뒤쪽에 볼을 2개 더 놓는다

실제로 칠 볼의 후방 30센티미터 정도에 볼을 두 개 더 놓은 후 테이크
백을 할 때 클럽 헤드가 후방의 볼을 건드리지 않도록 주의한다.

테이크 백을 할 때 클럽 헤드는 비구선 후방으로 곧장 올라가야 한다. 클럽 헤드가 후방에 둔 두 개의 볼 중 어느 하나라도 건드리게 되면 클럽 헤드가 올바른 방향으로 올라가지 않았다는 증거다.

테이크 백을 할 때 언제나 동일한 방향으로 클럽 헤드를 들어올리지 않으면 당연히 스윙 후에 날아가는 볼의 방향이 일정하지 않게 된다. 그리고 코스에서 슬라이스나 훅이 잘 나오는 이유는 그립이나 다운 스윙에 원인이 있기보다는 스윙의 첫 동작인 테이크 백에 원인이 있는 경우가 더 많다. 예를 들어 칠 볼의 뒤쪽에 둔 두 개의 볼 중에서 클럽 헤드가 언제나 바깥쪽 볼을 건드리면서 테이크 백을 하는 사람은 대부분 훅 때문에 고민하고 있을 것이다. 그 원인은 클럽 헤드가 바깥쪽으로 지나가기 때문에 다운 스윙시 무의식중에 안쪽에서부터 볼을 치려는 자세를 취하게 되고 그 결과 훅이 나오게 된다.

이것과는 반대로 테이크 백을 할 때 클럽 헤드가 언제나 안쪽 볼을 건드리는 사람은 전형적인 슬라이서라고 할 수 있다. 슬라이스 볼을 치게 되는 원인은 몸 안쪽으로 클럽 헤드가 지나가기 때문에 다운 스윙시에는 바깥쪽에서부터 볼을 치려고 하는 의식을 가지게 되며, 그 결과 볼은 왼쪽으로 날아간 후 오른쪽으로 꺾어지는 슬라이스가 된다. 테이크 백은 클럽 헤드가 두 개의 볼 사이를 지난 후, 비구선 후방쪽으로 올라가는 것이 기본이다. 이 기본을 익혀두지 않으면 언제나 일정한 타구를 기대할 수 없으며 슬라이스나 훅으로 고민을 하게 된다. 이 기본을 익히기 위해서는 왼쪽 어깨가 볼 쪽으로 가도록 움직인 후 (감각적으로는 왼쪽 어깨가 내려가는 듯한 느낌), 왼쪽 겨드랑이를 열지 않은 상태에서 가능한 한 천천히 테이크 백을 하면 된다.

옷걸이를 이용한 스윙 연습

옷걸이의 바지걸이 부분을 양손으로 잡고 백 스윙과 폴로 스루를 크게 가져가는 연습을 한다.

연습목적 **오른쪽 팔꿈치와 왼쪽 팔꿈치를 접는 감각을 익힌다**

테이크 백 할 때는 오른팔이, 다운 스윙 할 때는 왼팔이 제대로 굽혀지지 않으면 아무리 잘 맞아도 공은 그리 멀리 날아가지 않는다. 옷걸이를 이용한 연습법으로 오른팔과 왼팔이 자연스럽게 접히는 감각을 익힐 수 있다.

아침에 양복을 입고 출근 준비를 할 때, 5분 정도 옷걸이를 가지고 스윙 연습을 하자. 스윙이 자연스럽게 이루어진다는 느낌이 들면 자신도 모르는 사이에 오른쪽 팔꿈치와 왼쪽 팔꿈치가 접히는 감각을 익힐 수 있을 것이다.

언제나 비거리가 나는 볼을 치기 위해서는 테이크 백 할 때에 오른팔이 자연스럽게 접혀야 한다. 옷걸이를 가지고 연습을 해보면 오른쪽 팔꿈치가 뻣뻣한 상태로는 큰 백 스윙을 할 수 없다는 사실을 알게 될 것이다. 마찬가지로 다운 스윙시에는 왼팔이 자연스럽게 접혀야 하는데 옷걸이를 가지고 연습을 해보면 왼쪽 팔꿈치가 뻣뻣한 상태로는 오른팔을 자유롭게 사용하는 것이 힘들다는 것을 알 수 있을 것이다.

그리고 톱 위치에서의 오른팔의 상태와 피니시에서의 왼팔의 상태가 뻣뻣하다면 자세가 흔들려 클럽 궤도가 일정해지지 않기 때문에 볼이 어느 쪽으로 날아갈지 예측할 수 없다. 옷걸이 스윙으로 톱 위치에서의 오른팔의 상태를 확인하기 바라며, 또한 거울 앞에서 옷걸이의 면과 클럽 페이스의 방향이 같은지 확인하기 바란다. 만약 방향이 같지 않다면 테이크 백이 올바르게 이루어지지 않았다는 증거다.

수건으로 눈을 가린 채 스윙을 한다

볼을 친다는 의식을 버리기 위해 수건으로 눈을 가린 채 스윙 연습을 한
다. 그러나 그냥 눈을 감은 상태에서 스윙 연습을 하면 어딘가를 보고자
하는 의식이 남아 있기 때문에 기대만큼 효과를 거둘 수 없다.

언제나 똑같은 피니시를 취하기 위한 연습

눈을 가리고 스윙을 하면 몸 흔들림을 방지할 수 있고 스윙 후의 자세가 안정된다. 그리고 스윙 궤도가 일정해지므로 언제나 똑같은 피니시를 취할 수 있다.

미스 샷의 대부분은 스윙 궤도가 일정하지 않기 때문에 생긴다. 그리고 볼을 쳐야 한다는 의식이 강하면 강할수록 스윙 궤도가 흔들리기 마련이다. 그러므로 볼을 쳐다보지 않은 상태에서 스윙 연습을 하면 그러한 의식을 버리는 데 효과가 있다.

볼이 없는 상태에서 스윙 연습을 하면 되지 않느냐고 생각할지 모르지만, 그러한 단순한 스윙 연습은 마치 볼을 보면서 스윙을 하는 듯한 잠재 의식이 남아 있으므로 일정한 스윙 궤도를 유지하기 위한 연습 방법으로는 적절하지 않다. 또 그냥 눈을 감은 채로 스윙을 해도 괜찮겠지, 라고 생각할지 모르겠지만 실제로 그런 상태로 연습을 해보면 볼을 치는 순간 자신도 모르게 눈을 떠버리기 십상이다. 따라서 수건으로 눈을 가린 채 스윙 연습을 하는 것이 당초의 목적을 달성할 수 있는 효과적인 연습법이라고 할 수 있다.

수건으로 눈을 가린 채 스윙 연습을 계속하면, 테이크 백 할 때에 흔들렸던 자세나, 피니시 후에 중심을 잡지 못했던 자세가 안정된 자세로 교정되며, 또 스윙 궤도가 일정해지므로 멋진 스윙을 할 수 있게 된다. 다시 말해 클럽의 궤도가 일정해지면 최상의 톱 위치와 피니시를 취할 수 있으므로 멋진 샷을 기대할 수 있다. 이 감각을 익힌 후 연습장에서 실제로 볼을 쳐보면 비거리가 놀랄 만큼 늘어난다. 이 감각을 잊어버리지 않도록 가끔 수건으로 눈을 가린 채 스윙 연습을 하기 바란다.

비치 타월을 이용한 스윙 연습

클럽을 잡는 요령으로 비치 타월의 한쪽 끝을 잡는다. 그런 다음에 어드레스를 취한 후 클럽을 가지고 스윙하는 것과 똑같은 요령으로 타월이 몸에 감기도록 스윙을 한다.

이 연습으로 왼쪽 팔꿈치와 손목을 접는 요령을 터득할 수 있다. 그리고 피니시 자세가 안정되며 공이 더 멀리까지 뻗어나간다.

클럽을 잡는 요령으로 비치 타월의 한쪽 끝을 잡는다. 그런 다음, 어드레스를 취한 후 클럽을 휘두르는 기분으로 스윙을 한다. 여기서 중요한 점은 피니시 후 타월이 자신의 몸에 감길 정도로 스윙을 해야 한다는 점이다. 흐느적거리는 타월을 클럽으로 생각하고 연습하는 것이 무슨 효과가 있겠느냐고 생각할 수도 있지만 이 연습은 의외로 어려우며 비거리를 향상시키는 데 큰 효과가 있다.

타월이 몸에 감기도록 하기 위해서는 스윙 중에 양팔의 힘을 빼고 불필요한 하반신의 움직임을 가능한 한 억제하면서 타월을 휘두르지 않으면 안된다. 게다가 공기의 저항 때문에 실제로 클럽을 휘두르는 것보다 타월을 휘두르는 연습이 훨씬 더 힘들다는 것을 느낄 수 있을 것이다. 타월 대신에 대나무 빗자루로 연습을 해도 비슷한 효과를 얻을 수 있다.

나시 말하지만, 이 연습의 주목적은 왼손의 당기는 힘과 왼팔을 자연스럽게 접는 요령을 익히는 것이다. 이 연습을 마스터하면 비거리가 30퍼센트 정도 증가할 것이다. 출근 전 면도 후에 5분, 퇴근 후 샤워 후에 5분 동안 매일 연습을 계속한다면 짧은 비거리에 대한 고민에서 벗어날 수 있을 것이다.

외다리 스윙 연습

처음엔 6번 아이언으로 오른발을 들고 왼발로만 서서 스윙 연습을 해본다. 어느 정도 익숙해지면 드라이버로 연습을 하며, 최종 점검은 연습장에서 왼발로만 스탠스를 취한 채 실제로 공을 쳐 본다.

이상적인 스윙이 어떤 것인가를 감각적으로 익히기 위해서는 어깨 회전과 팔을 들어올리는 법, 다운 스윙시 왼쪽 팔꿈치를 접는 법 등에 대한 연습이 필요하다. 연습 초기에 자세를 잡기 힘들면 오른발을 의자에 올린 상태로 연습한다.

대체로 아마추어 골퍼들은 골프 이론에 해박하다. 예를 들어 비거리를 내기 위해서는 자연스럽게 체중 이동을 해야 한다든지, 테이크백 할 때에 양팔의 형태를 삼각형으로 유지해야 한다는 등 해박한 이론을 지니고 있으나, 이러한 사실이 오히려 자연스러운 스윙을 방해하는 요소로 작용하는 경우가 많다.

이상적인 스윙이란 자연스러우면서도 기분 좋은 스윙이어야 한다는 것이 나의 지론이다. 그것은 무리하게 몸을 비틀지 않고 필요 이상의 힘이 들어가지 않은 상태에서 이루어지는 자연스러운 스윙을 말한다. 그런 상태에서 스윙을 했을 때 볼은 목표 방향으로 멀리 날아가게 되며 최상의 기분을 느낄 수 있을 것이다.

왼발 타법은 이상적인 스윙 감각을 익히기 위한 연습법이다. 6번 아이언을 가지고 왼발만으로 스탠스를 취한 채 스윙을 해보면 머릿속에서 이것저것 생각할 필요도 없을 성도로 어깨의 움직임과 팔을 들어올리는 방법, 다운 스윙시의 왼쪽 팔꿈치를 접는 방법 등을 자연스럽게 익힐 수 있다. 매일 5분씩 1년간 연습을 계속한다면 이상적인 스윙이 몸에 밴다. 그리고 왼발 타법을 마스터한 후 실제로 연습장에서 볼을 쳐보면 이렇게 편한 자세로 스윙을 해도 괜찮을까 하는 의구심이 생길지 모른다. 그러나 멀리 날아가는 공이 이 연습법의 효력을 입증해 줄 것이다.

소파에 앉은 채 쿠션을 옆으로 던진다

쿠션을 스윙의 톱 위치까지 들어올린 후 클럽을 다운 스윙할 때의 요령
으로 쿠션이 비구선 방향으로 날아가도록 던진다.

테이크 백에서 피니시까지의 과정에서 몸의 회전이 일정해야 한다는 것은 잘못된 생각이다. 만약 몸의 회전이 일정하게 되면 임팩트 시 몸이 열려 있는 상태가 되기 때문에 의도한 방향으로 볼을 날려 보낼 수 없다. 쿠션을 이용한 연습법으로 몸이 지나치게 빨리 열리는 현상을 방지한다.

대부분의 골퍼는 몸의 회전으로 볼을 치는 것이라고 믿고 있으며 그렇게 하기 위한 중간과정으로 어깨를 충분히 돌려야 한다든지 무릎을 사용해야 한다는 점을 중요시한다. 하지만 골프의 샷에서 가장 중요한 사항은 어드레스 때와 같이 몸을 정면으로 향한 채 볼을 왼쪽에서 친다는 감각을 익히는 것이다.

폴로 스루에서 피니시에 이르는 과정에서는 볼이 날아가는 방향으로 몸이 돌아가게 되지만 그것은 결과적으로 그렇게 되는 것이지 의식적으로 그렇게 할 필요는 없다. 그리고 몸의 회전을 의식하기 시작하면 언제나 몸이 빨리 열리기 때문에 의도한 방향으로 볼을 날려 보내기가 힘들다.

지금까지의 스윙 감각으로 쿠션을 던져보면 쿠션은 훅 방향으로 날아가게 마련이며, 몸을 정면으로 향한 채 쿠션을 던질 때 쿠션이 비구선 방향과 일직신으로 날아간다는 사실을 쉽게 알 수 있을 것이다. 이 동작을 몇 번 반복하면 몸이 왼쪽으로 방향을 바꾸기 시작하는 시점이 쿠션을 던진 후의 폴로 스루 때라는 것을 느낄 수 있다. 쿠션을 들어올리는 테이크 백에서 던지기 직전의 다운 스윙 때까지의 동작은 꼬였던 몸이 원래 상태로 되돌아오는 것 이외의 아무것도 아니란 것을 감각적으로 익히게 될 것이다.

왼손으로 클럽을 잡고 의자를 당겨본다

왼손으로 클럽을 잡은 채 의자의 등받이나 다리에 클럽 헤드를 걸친다.
그런 다음 가장 힘 안 들이고 의자를 몸 쪽으로 당길 수 있는 자세를 찾
는다.

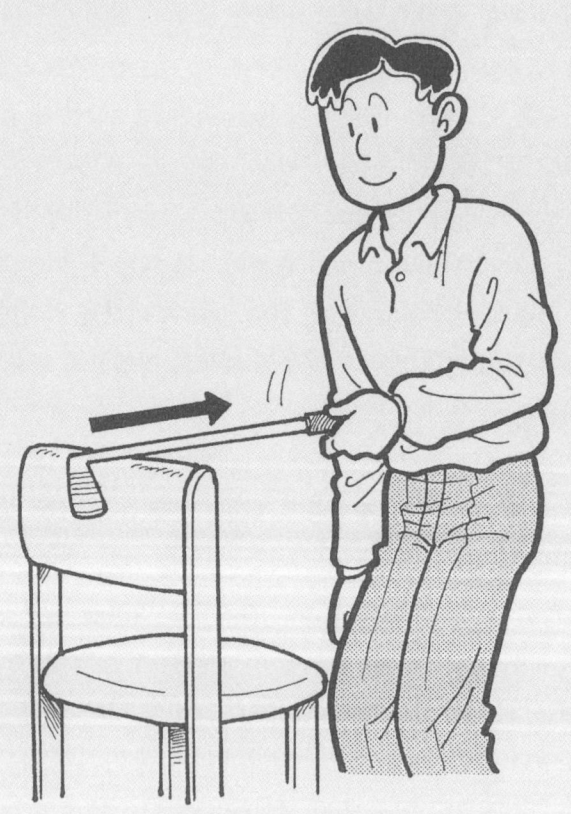

테이크 백과 다운 스윙을 할 때 왼쪽 겨드랑이가 열린 상태로는 볼에 힘을 가할 수 없다. 의자를 당겼을 때 느낀 왼쪽 겨드랑이와 몸 사이의 조이는 듯한 감각을 유지한 채 스윙을 하게 되면 볼에 직접 힘을 전달할 수 있다.

자신의 힘을 볼에 전달할 수 없는 어드레스를 취한다면 스윙시 힘이 분산되기 때문에 비거리를 기대할 수 없다. 예를 들어 무거운 물건을 들어올릴 때를 생각해 보면 누구나 힘을 가장 적게 들이고 들어올리는 자기만의 요령을 본능적으로 찾아낸다. 골프에서는 다운 스윙을 할 때 왼쪽 겨드랑이를 몸에 붙여야 자신의 모든 힘을 볼에 전달할 수 있다. 그런데 대부분의 골퍼들은 몸 전체에 힘을 가득 실은 채 클럽을 휘두르기 때문에 볼에 100%의 힘을 전달하는 것이 불가능하다. 그리고 왼쪽 겨드랑이를 붙인 채 다운 스윙을 하고 있다고 믿고 있는 사람들도 실제로 관찰해 보면 대부분 다운 스윙 도중에 그렇게 되도록 조절할 뿐이지 실제로는 왼쪽 겨드랑이가 몸에 붙어 있지 않은 경우가 많다.

왼손으로 아이언을 잡고 의자의 등받이나 다리에 클럽 헤드를 걸친 후 몸 쪽으로 힘껏 당겨보면 자언스럽게 왼쪽 겨느랑이가 몸에 붙어 있는 것을 알 수 있다. 그 자세가 볼에 100%의 힘이 전달되는 왼팔의 위치이며 하루에 두세 번 연습을 하여 그러한 감각을 익히는 것이 비거리를 내는 데 중요하다.

실제로 그러한 감각으로 볼을 쳐보면 힘의 손실이 없어지므로 힘을 들이지 않았는데도 비거리가 늘어나고 더구나 볼의 방향성도 좋아진다. 그리고 어드레스 때 왼쪽 겨드랑이의 감각이 언제나 일정하면 구질도 안정된다.

오른손을 밑으로 내려 잡고 스윙을 한다

오른손을 10센티미터 정도 내려 클럽을 잡은 채로 자연스러운 스윙이 되
도록 연습한다.

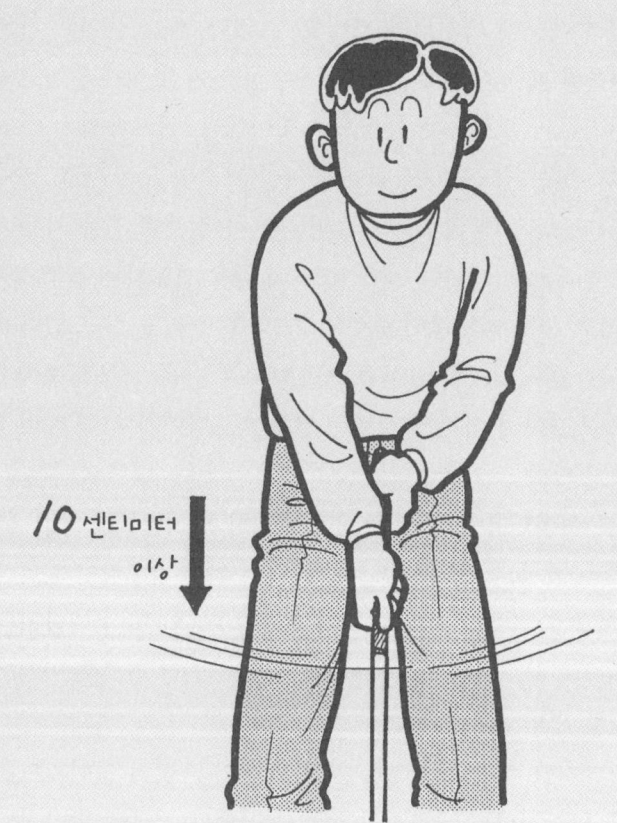

연습목적 **자연스러운 다운 스윙을 정착시킨다**

다운 스윙시 손목이 자연스럽게 돌아가지 않으면 정확한 피니시를 취할 수 없게 된다. 그리고 손목 회전에 대한 감각을 익히면 임팩트 때 헤드 스피드가 빨라지므로 비거리가 늘어난다.

다운 스윙을 보면 그 사람의 골프 실력을 쉽게 알 수 있다. 특별히 몸이 유연한 것도 아닌데 골프를 잘 치는 사람은 대체적으로 다운 스윙이 유연하고 클럽을 자연스럽게 휘두른다.

자연스러운 다운 스윙을 구사하려면 먼저 왼팔의 리드로 스윙이 시작되어야 하며 왼쪽 손목과 팔꿈치가 빠르게 접혀야 한다. 그리고 손목의 움직임과 왼팔의 접힘이 자연스러우면 유연한 피니시를 취할 수 있게 된다.

오른손을 10센티미터 정도 밑으로 내려 클럽을 잡았을 경우, 클럽을 자연스럽게 휘두르기 위해서는 손목의 움직임과 팔의 접힘을 빠르게 가져가야 한다. 그리고 클럽을 자유롭게 휘두를 수 있게 되면 자연히 클럽 헤드의 무게가 느껴지며 다운 스윙에서 임팩트에 이르는 순간에 헤드 스피드가 빨라지는 것을 느낄 수 있다.

여러분도 잘 알고 있는 사실이지만 볼을 멀리 날리는 원동력은 팔의 힘에 있는 것이 아니라 임팩트 순간의 클럽 헤드의 속도에 달려 있다. 클럽 헤드의 속두는 임팩트 순간의 손목의 유연함과 임팩트 직후의 왼팔의 순간적인 접힘에 달려 있다. 이 연습은 필드나 연습장에서 실제로 볼을 치기 전에 하기 바란다. 그리고 필드에서 실제로 볼을 쳐보면 헤드 스피드가 빨라지기 때문에 슬라이스 교정에도 효과가 있다.

테이크 백을 하지 않은 상태에서 볼을 날린다

6번 또는 7번 아이언을 가지고 볼 뒤쪽에 클럽 페이스를 붙인 채로 볼을
날리는 연습을 한다.

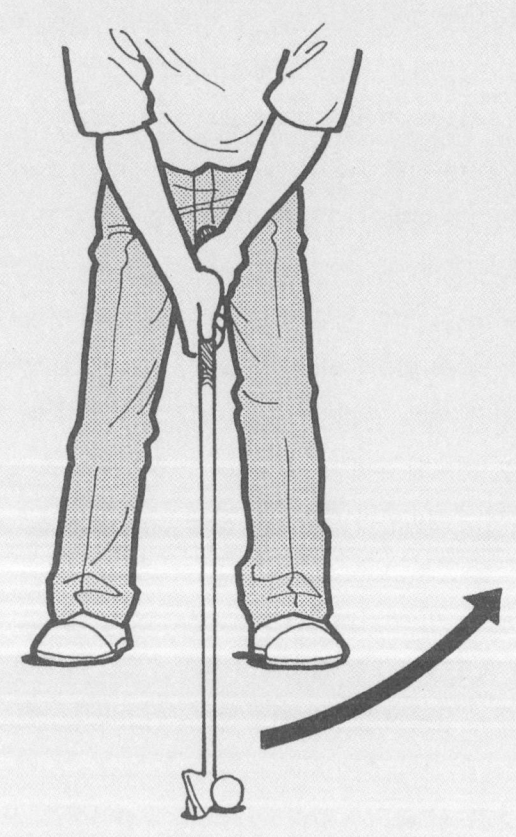

폴로 스윙을 크게 가져간다

볼을 멀리 날려 보내려면 폴로 스윙을 크게 가져가야 한다. 이 연습
으로 다운 스윙에서부터 피니시에 이르기까지 다리와 허리의 움직
임과 팔의 사용법을 익힌다.

폴로 스윙을 크게 가져가지 않으면 안정된 샷을 구사할 수 없기 때
문에 결과적으로 스코어도 쉽게 향상되지 않는다. 큰 폴로 스윙을 하
기 위해서는 다운 스윙에서 피니시까지의 각 과정에서 다리와 허리
의 움직임, 팔의 궤적, 왼쪽 팔꿈치의 접힘 등이 올바르게 이루어져
야 한다. 그런 자세에서 취한 피니시를 거울로 확인해 보면 백 스윙
이 정점에 달했을 때와 정확하게 반대의 형태를 이루고 있다.

볼 뒤에 클럽 헤드를 붙인 상태에서 볼을 날려보면 처음엔 볼이 1
미터도 날아가지 않는다. 그 이유는 왼쪽 어깨와 왼쪽 허리가 빨리
열리기 때문이며, 폴로 스루의 자세가 바르지 않다는 증거다.

그러나 이 연습을 반복하면 점점 볼의 비거리가 늘어나면서 오른
쪽 허리가 왼쪽 허리를 강하게 미는 듯한 느낌이 온다. 이때 왼쪽 어
깨와 허리는 정지해 있는 대신 오른쪽에서 미는 듯한 느낌이 와야 한
다. 그리고 만약 볼이 왼쪽으로 날아간다면 그것은 왼쪽 어깨와 허리
를 지나치게 많이 돌렸기 때문에 생기는 현상이며, 올바른 폴로 스루
가 이루어지지 않았다는 증거이기도 하다.

처음 이 연습을 시작하면 자세가 어색하고 몸도 금방 피로해지겠
지만 비거리가 10미터, 15미터 식으로 늘어나면 처음만큼 피로를 느
끼지 못할 것이다.

의자 위에서 무릎을 꿇은 채로 스윙한다

어드레스 때의 무릎 높이와 똑같은 높이의 의자 위에서 무릎을 꿇은 상
태로 스윙을 하면 무릎이 고정된 상태이므로 상체가 꽤 힘들다는 것을
느낄 수 있다.

왼쪽 벽을 만든다

골프 스윙을 연습할 때 필히 확인해야 할 중요한 사실은 하반신의 움직임에 따라 상반신의 움직임이 어떻게 달라지는가를 파악하는 것이다. 스윙 중에 하반신을 고정시키면 자연스럽게 왼쪽 벽이 생기므로 폴로 스윙이 힘들어진다.

양발을 붙인 채로 스윙을 하면 대부분의 사람들은 자연스럽게 무릎을 움직인다. 그러나 다운 스윙 때 무릎을 움직이면 클럽 헤드에 힘이 전달되지 않으므로 장타를 기대할 수 없다.

의자 위에서 무릎을 꿇은 채로 스윙 연습을 하면 이러한 무릎의 움직임을 교정할 수 있다.

그러나 의자 위에서 스윙을 하면 테이크 백 할 때에 상체를 오른쪽으로 비틀기가 쉽지 않으며 상체가 아주 뻣뻣하게 느껴질 것이다. 이런 상태에서도 본인의 유연성이 허락하는 한도 내에서 몸을 최대한 비틀어주는 것이 중요하다. 이것이 바로 비거리를 내는 원동력이기 때문이다.

그리고 무릎을 고정한 채 끝까지 폴로 스루를 하려고 하면 당연히 몸의 왼쪽에 무리가 온다. 이런 상태를 흔히 왼쪽 벽이라고 하며 이 벽이 없으면 파워가 생기지 않는다. 무릎을 꿇은 채 스윙 연습을 하면 이러한 왼쪽 벽을 감각적으로 익힐 수 있다.

골프 스윙의 중요한 포인트는 가능한 한 군더더기를 없애고 간결한 스윙을 몸에 익히는 것이다. 아무 생각 없이 클럽만 휘둘러서는 절대로 왼쪽 벽이 생기지 않는다. 장타의 전제 조건이라 해도 과언이 아닌 왼쪽 벽을 만들기 위해서는 하반신의 움직임을 완벽하게 통제할 수 있는 연습을 해야 한다. 고생 끝에 낙이 온다는 말처럼 이 연습을 익히기까지는 꽤 많은 시간이 필요하다.

왼쪽 허리 높이까지 클럽 헤드를 들어올린다

클럽 헤드를 왼쪽 허리 높이까지 가져간 후 거기서부터 클럽의 반동을
이용해 테이크 백을 하면 자연스럽게 클럽을 들어올릴 수 있다.

연습목적 ## 자연스러운 테이크 백

테이크 백을 자연스럽게 가져가는 감을 잡기 위해서는 클럽 헤드의 무게를 느끼는 것이 무엇보다 중요하며 또한 손목과 팔의 움직임에도 세심한 주의를 기울일 필요가 있다. 그리고 이 연습을 할 때 그립이나 어드레스의 형태에 대해서는 신경을 쓰지 않아도 된다.

'시작이 좋으면 끝이 좋다'란 격언처럼 멋진 샷을 날리기 위해서는 테이크 백을 자연스럽게 가져가는 것이 무엇보다 중요하다. 그러나 지나치게 멋진 샷을 의식한 나머지 그립이나 어드레스에 신경을 쏟다 보면 오히려 그러한 요소들이 자연스러운 테이크 백을 가져가는 데 방해가 된다.

가령 테이크 백을 할 때 '오른팔과 왼팔의 형태가 역삼각형이어야 한다', '그립이나 어드레스는 이래야 된다' 등에 지나치게 신경을 쏟다 보면 자연히 몸이 뻣뻣해지며, 톱 위치에서 왼쪽 어깨가 극단적으로 내려가거나 반대로 임팩트 때 오른쪽 어깨가 밑으로 많이 내려가게 되어 미스 샷을 연발하게 된다.

테이크 백을 시작할 때 몸 정면에서 클럽을 오른쪽 방향으로 들어 올리기보다 왼쪽 허리 높이까지 클럽 헤드를 가져간 후 그 상태에서 헤드의 반동을 이용하면 클럽은 자연스럽게 톱 위치까지 올라가게 된다. 이때 헤드의 무게를 느낄 수 있으면 테이크 백 할 때의 손목과 팔의 움직임에 대한 감을 자연스럽게 이힐 수 있다.

얼굴 정면에서 그립을 잡은 후 몸을 오른쪽으로 비튼다

테이크 백의 톱 위치를 익히기 위한 연습 방법으로 클럽의 그립을 얼굴
정면에서 잡은 후 그 상태에서 몸을 오른쪽으로 비튼다.

기본적인 톱 위치를 확인한다

샷을 날릴 때마다 구질이 일정하지 않은 이유는 테이크 백의 마지막 동작인 톱의 위치가 매번 일정하지 않기 때문이다. 이 문제를 해결하기 위해서는 톱의 기본 위치를 확인하는 것이 중요하다. 이것을 확인하는 방법은 얼굴 정면에서 그립을 잡은 후, 그 상태에서 오른쪽으로 몸을 비트는 것이다. 비튼 후의 자세가 기본적인 톱 위치다.

톱 위치가 불안정하면 같은 클럽으로 샷을 날려도 비거리가 다르며 구질도 일정하지 않기 때문에 당연히 좋은 스코어를 기대하기 힘들다. 안정된 톱 위치를 익히기 위한 연습 방법으로 네 박자 타법을 소개한다.

첫 박자에서는 클럽의 그립을 얼굴 정면에서 잡는다. 두 번째 박자에서는 그 상태에서 몸을 오른쪽으로 돌린다. 세 번째 박자에서는 다운 스윙을 시작한다. 네 번째 박자에서는 피니시를 취한다. 이 네 박자 리듬으로 스윙 연습을 반복하면 자신에게 적합한 톱 위치를 자연스럽게 익힐 수 있다.

그리고 얼굴 정면에서 그립을 잡은 후 몸을 오른쪽으로 비트는 두 박자까지는 양손이 몸의 정면에 위치하는 것이 중요한데 그러한 상태가 되면 왼팔 어깻죽지가 꽤 빡빡하다는 것을 느끼게 될 것이다. 사실은 이 느낌이 안정된 톱 위치를 감각적으로 익힐 수 있는 중요한 요소다.

이 연습으로 톱 위치가 안정되면 자연스럽게 다운 스윙과 구질이 안정되므로 볼을 치기 전까지 어느 방향으로 볼이 날아갈지 예측할 수 없었던 초보적인 미스를 방지할 수 있다. 비거리와 구질을 안정시키기 위해서는 톱 위치를 안정시키는 것이 중요하다.

의자에 앉은 채로 짧은 막대기를 이용하여 스윙을 한다

팔걸이가 없는 고정된 의자에 앉아 클럽을 휘두른다. 장소에 따라서 그
립을 연습할 수 있는 짧은 막대기를 이용하는 것도 하나의 방법이다.

불필요한 하반신의 움직임을 방지한다

클럽 헤드의 무게를 양손과 양팔에 전달하기 위해서는 불필요한 하반신의 움직임을 자제해야 한다. 의자에 앉은 채 스윙을 하게 되면 하반신이 고정되므로 손과 팔만으로 클럽을 휘두르는 방법을 터득할 수 있다.

비거리가 나는 스윙을 구사하기 위해서는 클럽을 잡은 양손과 양팔을 클럽 헤드의 무게에 이끌려 자연스럽게 움직여야 한다. 의자에 앉아 스윙을 하면 하반신이 고정되기 때문에 싫든 좋든 간에 손과 팔만으로 클럽을 휘두르지 않으면 안된다. 이 연습을 하면 상반신의 비틀림에 하반신이 자연스럽게 따라간다는 감각을 느끼게 될 것이다. 그리고 하반신을 고정시킨 상태에서 확인해야 할 중요한 사항은 다운 스윙의 시작 단계에서 피니시 단계까지 왼쪽 팔꿈치가 어느 위치에서 접히는가를 파악하는 것이다.

주위에 클럽이 눈에 띄지 않으면 그립을 잡을 수 있는 짧은 막대기 형태의 것이라면 어떤 것이라도 상관없다. 연습 방법은 먼저 의자에 앉아 그립이 무릎에 닿지 않을 정도로 양발을 벌린다. 그런 후 사용할 클럽을 상상하면서 볼의 위치를 정한 후 양손과 양팔만으로 스윙 연습을 한다. 기본적인 볼의 위치는 드라이버의 경우 왼발 뒤꿈치와 같은 라인상에, 아이언이라면 몸의 중앙에 볼이 있다고 간주하면 된다. 이 연습에 어느 정도 익숙해지면 이번엔 일어선 자세에서 보통 때와 같이 스윙을 해본다. 이전보다 훨씬 기분 좋게 클럽 헤드를 휘두를 수 있을 것이다. 연습장에서 실제로 볼을 쳐보면 비거리도 훨씬 늘어나 있을 것이다.

드라이버로 반 접은 엽서를 친다

엽서를 반으로 접어 세워둔 후 그것을 드라이버로 쳤을 때 엽서가 날아가는 방향과 찢어진 형태를 확인한다. 또 클럽 페이스가 엽서에 닿았을 때의 소리를 확인한다.

연습목적 **구질의 확인**

친 엽서가 오른쪽 전방으로 날아가고 스탠스의 반대쪽이 찢어지면 강력한 드로가 걸린 회심의 샷으로 간주해도 좋다. 연습장에 갈 시간적 여유가 없을 정도로 바쁠 때 자신의 구질을 간단히 확인할 수 있는 연습법이다.

실제로 볼을 칠 때 대부분의 사람들은 클럽 페이스에 신경이 쏠린 나머지 볼을 맞히려는 경향이 강하므로 결과적으로 미스 샷이 날 가능성이 높다. 그 유명한 벤 호건은 견고한 스윙을 연마하기 위해서는 민들레나 담배 꽁초를 이용하여 스윙 연습을 하라는 명언을 남겼다. 내가 남기고 싶은 명언은 민들레나 담배 꽁초가 아니라 반으로 접은 헌 엽서를 가지고 스윙 연습을 하라는 것이다.

시험해 보면 알겠지만 헤드 스피드가 아주 빠르거나 몸의 반동을 충분히 활용하지 못하면 엽서는 쉽게 찢어지지 않는다. 헤드 스피드가 빠르면 엽서는 전방으로 날아가고, 반으로 찢어져 있을 것이다. 이것은 이상적인 드로 볼을 친 증거다. 몸의 반동을 잘 이용하면 엽서는 상하로 찢어져 있을 것이다. 이처럼 간단한 연습으로 자신의 구질을 파악할 수 있는 것이 '타하라식 엽서 찢기 연습법'의 특징이다.

그리고 임팩트 순간에 나는 소리에도 주의를 기울일 필요가 있다. 이상적인 드로 볼은 "픽" 하고 마른 소리가 난다. 슬라이스는 "퍼석", 뒤땅이나 볼의 윗부분을 때리면 "벙" 하는 소리가 들릴 것이다. 골프는 머리로 치는 것이 아니라 몸으로 치는 것이기 때문에 매일 이 연습을 하면 골프 실력이 점점 향상된다. 연습 없이는 진보 없고 서투른 이론은 필요 없다.

볼을 칠 때마다 클럽을 바꾼다

연습장에서도 실제로 필드에서 라운딩하는 감각을 익힐 수 있는 좋은 방법이 있다. 하나의 클럽으로 계속 연습을 하기보다는 특정한 코스를 염두에 두고 볼을 한 번 칠 때마다 비거리를 확인한 다음, 남은 거리에 맞는 클럽을 선택해 다음 공을 치는 것이다.

실전 감각을 기른다

라운딩할 날이 가까워지면 실전 감각을 되찾는 것이 중요하다. 실제 필드에서처럼 남은 거리에 맞는 클럽을 선택한 후 볼을 친다.

어느 정도 라운딩 경험을 쌓았다면 경험했던 코스를 상상하면서 한 타씩 칠 때마다 클럽을 바꾸면서 연습을 한다. 이처럼 실제 라운딩을 시뮬레이션하면서 한 시간 정도 연습하면 50타에서 60타 정도로 (퍼팅수를 제외하고) 18홀을 마칠 수 있다. 그리고 실전과 같은 감을 터득할 수 있으므로 아주 효율적인 연습법이다.

예를 들어 그린까지의 거리가 360미터인 1번 홀 티 그라운드라고 가정하고 실제로 드라이버로 티샷을 날린다. 볼이 오른쪽으로 230미터 정도 날아갔다면 두 번째 샷을 할 볼이 페어웨이 오른쪽 러프에 빠졌다고 생각한다. 두 번째 샷의 경우 그린까지 남은 거리가 130미터이고 왼발 쪽의 경사가 높은 러프에 볼이 놓여 있으므로 이러한 상황을 염두에 두면서 온그린에 적당한 클럽을 선택하여 샷을 날린다. 연습을 할 때부터 이런 명확한 목표를 세워두지 않고 그저 막연하게 클럽만 휘둘러서는 실제 라운딩에서 좋은 스코어를 기대하기 힘들다. 한 가지 흥미로운 사실은 실제 라운딩을 상상하면서 연습했을 때 미스 샷이 나왔다면 실제 필드에서도 똑같은 실수가 되풀이될 확률이 높다는 것이다. 따라서 연습장에서 한 라운드의 연습이 끝난 뒤에 잘 안된 샷을 중점적으로 연습하면 실전에서 미스 샷을 날릴 확률이 줄어든다. 그리고 본인이 가장 자신 있는 클럽으로 연습하는 것이 중요하다. 왜냐하면 좋은 느낌에서 연습을 시작하는 것이 자연스러운 스윙을 만드는 지름길이기 때문이다.

연습장에서는 비어 있는 2층 타석에서 연습한다

연습장에서는 멋진 샷을 날리는 것보다 미스 샷을 교정하는 것에 목표를 두는 것이 중요하다. 이러한 연습 목표를 달성하기 위해서는 1층 타석보다 2층 타석이 실전에 가까운 연습이 가능하다.

연습장에서는 대부분의 사람들이 남들 앞에서 멋진 샷을 날리고 싶어하지만 자신의 결점을 고치기 위해서는 다른 사람을 의식하지 않은 채 연습할 수 있도록 비어 있는 2층 타석이 안성맞춤이다.

연습장에 갈 때마다 대부분의 사람들이 텅 빈 2층 타석보다는 비좁은 1층에 자리가 나기를 기다리는 장면을 자주 본다. 1층 타석은 어프로치 연습을 할 수 있고, 각 클럽의 비거리를 정확하게 파악할 수 있다는 장점이 있지만 의외로 마이너스 요소도 많다.

나는 연습장이 여러 가지 미스 샷를 반복하면서 스윙을 교정하는 곳이라고 생각한다. 그러나 1층 타석에서 연습을 하게 되면 대부분의 사람들이 다른 사람의 눈을 지나치게 의식하여 본인의 스윙을 가다듬기보다는 남들 앞에서 멋진 샷을 보여주려는 쪽에 신경을 많이 쏟게 된다. 그렇기 때문에 스윙을 교정하기 위해서는 다른 사람들을 의식하지 않아도 되는 텅 빈 2층 타석에서 연습하는 것이 적절하며 가령 미스 샷을 연발하더라도 심리적 부담이 덜하다.

그리고 1층 타석보다 2층 타석이 실제 티 그라운드의 느낌과 흡사하다는 점을 대부분의 골퍼들이 간과하고 있다. 또한 2층 타석에서는 낮은 곳을 내려다보면서 스윙하는 기분이므로 일부러 공을 높게 띄우려 하는 의식도 없어진다. 그래서 초심자에게서 흔히 나다나는 올려치는 스윙도 교정할 수 있다. 그리고 같은 요금으로 1층보다 더 많은 볼을 칠 수 있는 연습장도 많이 있기 때문에 일석이조의 효과를 누릴 수 있다.

연습장에서는 타석을 번갈아 가면서 연습한다

실제로 코스에서는 언제나 같은 스탠스에서 어드레스를 하는 경우가 드물다. 그렇기 때문에 스탠스를 취하기 쉬운 편평한 타석뿐만 아니라 구석진 타석, 편평하지 않은 타석, 2층 타석, 출입구 근처 등 타석을 이리저리 옮겨가면서 연습하는 것이 좋다.

짧은 기간에 실력 향상을 위한 연습법

짧은 기간 내에 자신의 골프 실력을 향상시키기 위해서는 언제나 같은 타석만 고집하기보다 여기저기 자리를 옮겨가면서 연습하는 것이 효율적이다.

연습장은 두말할 필요도 없이 폼을 잡기 위한 장소나 멋진 샷을 과시하기 위한 장소가 아니다. 자신의 골프 실력 향상을 위한 장소이기 때문에 연습장에서는 타석을 이리저리 옮겨가면서 스윙 연습을 하는 것이 실제 라운딩에서의 스코어 향상과 직결된다.

연습장에 가보면 초보자들은 대체적으로 구석진 타석에서 연습을 하는 경향이 있지만 가끔씩은 한복판 타석을 차지해 보는 것도 실력 향상에 도움이 된다. 주위의 시선이 많은 중앙 타석에서 연습을 하면 자신도 모르는 사이에 멋진 샷을 날려야 한다는 의식을 가지게 되며 그 결과 점점 몸이 긴장하게 되고 미스 샷을 연발할 확률이 높아진다. 그러나 중앙 타석에서의 연습 상황은 라운딩 1번 홀에서 동료들의 시선을 한몸에 받으며 티샷을 날리는 상황과 흡사하다. 그러므로 일부러 이러한 상황을 연출하여 연습을 해두면 실전에서 심리적인 안정을 찾을 수 있다. 마찬가지로 구석진 타석에서 연습을 할 때는 페어웨이에서 멀리 떨어진 러프에서 볼을 친다고 생각하면 되고, 스탠스를 취하기 힘든 타석에서 연습을 할 때는 경사진 곳에서 스윙을 한다고 생각하면 된다.

그리고 타석을 바꾸면 시야가 달라지기 때문에 이러한 차이를 의식하면서 연습하면 실전에 많은 도움이 됨과 동시에 단기간 내에 골프 실력을 향상시킬 수 있다.

볼의 목표 지점을 네트 뒤쪽에 둔다

연습장에서는 볼의 목표 지점을 네트가 아니라 네트 뒤쪽에 있는 굴뚝이나 건물 옥상에 둔다. 그리고 네트에 닿은 볼이 원래의 목표점에 도달했는지 아닌지를 확인한다.

연습목적 ## 목표 지점의 확인

연습장에서는 볼이 네트의 목표 지점까지 곧장 날아가는데 실제 라
운딩에서는 볼의 방향이 일정하지 않은 것은 연습 때의 목표 지점
설정이 잘못되었기 때문이다. 연습장의 네트는 목표 지점이 아니라
하나의 통과점에 불과하다는 사실을 명심하라.

연습장에서는 네트가 없다고 생각하면서 볼의 목표 지점을 먼 곳
에 있는 나무나 굴뚝, 건물 옥상 등에 두고 스윙 연습을 하는 것이 좋
다. 네트에 달려 있는 과녁을 볼의 최종 목표 지점으로 삼으면 아무
리 시간이 흘러도 볼의 방향이 일정해지지 않는다. 언제나 일정한 방
향으로 볼을 날려보내고 싶으면 네트를 볼의 목표 지점에 대한 하나
의 통과 지점으로 생각하라.

가령 목표 지점을 네트에 두고 샷을 했을 때 의도한 대로 볼이 날
아갔다고 하더라도 그 볼이 네트를 지난 다음에 왼쪽이나 오른쪽으
로 휠 수도 있다. 역으로 네트의 목표 지점을 많이 벗어난 볼이 실제
로는 원래의 목표 방향으로 날아갈 수도 있다. 우드나 롱 아이언은
비거리가 많이 나는 클럽이므로 샷을 날렸을 때 볼이 네트에 맞는 경
우가 많다. 그러므로 이러한 클럽으로 스윙 연습을 할 때 네트를 볼
의 목표 시섬으로 설정하면 볼의 방향을 일정하게 컨트롤하기가 어
려워진다.

연습은 남에게 잘 보이기 위해서 하는 것이 아니므로 골프를 잘 치
고 싶다면 항상 실제 코스를 염두에 둔 연습을 하기 바란다.

규칙적으로 연습장에 간다

일주일에 하루는 반드시 골프 연습을 하기로 계획을 세우고는 4일 연속
으로 몰아서 한달치 연습을 해버리면 효과가 별로 없다.

골프의 리듬 감각을 익힌다

골프는 테크닉은 물론이거니와 몸의 컨디션과 리듬 감각을 파악하는 것이 중요한데 정기적으로 연습을 하면 이 같은 리듬 감각이 생긴다.

인간의 생활 리듬은 하루, 한 주, 한 달, 한 해 단위로 구분되며 사람마다 제각각의 리듬이 정해져 있다고 한다. 골프는 몸의 컨디션과 리듬 감각이 스코어를 좌지우지하는 게임이므로 연습날을 자신의 생활 리듬에 맞도록 정하는 것이 중요하다.

실제로 이러한 사실을 염두에 두고 정기적으로 연습을 하는 사람과 리듬을 무시한 채 기분 내키는 날에 연습을 하는 사람은 실력 향상에서 커다란 차이가 생긴다. 가령 내일 라운딩이 있다고 하여 오늘 급하게 연습장에 가서 평소보다 볼을 많이 치는 사람이 더러 있으며 이러한 경험은 누구나 한두 번은 있을 것이다. 그렇게 해서는 오히려 평소보다 더 성적이 나빠지는 경우가 많다. 그 이유는 자신의 생체 리듬을 무시한 연습을 했기 때문이라고 할 수 있다.

마찬가지로 일주일에 하루 골프 연습을 하는 것으로 충분한 사람의 경우, 한 달 중 연속적으로 4일간 연습하는 사람이 있는데 이 역시 인간의 생체 리듬을 무시한 연습 방법이므로 골프 실력을 연마하는 데는 별로 효과가 없다. 스코어 향상을 위한 리듬 감각은 연습일의 리듬 감각과 밀접한 관계가 있다는 사실을 알아야 한다.

슬라이스나 훅을 치는 법을 배운다

연습장에서 티칭 프로로부터 레슨을 받을 때, 스윙의 결점을 고치기보다는 슬라이스나 훅 볼을 치는 법을 배운다.

서투른 스윙의 극복

휘어지는 볼을 치는 법을 알면 휘어지지 않게 볼을 치는 법도 알 수 있다. 예를 들어 만약 슬라이스 때문에 고민하는 사람이라면 슬라이스를 직접 교정하려고 애쓰기보다 반대로 훅의 스윙법을 배우면 슬라이스가 나오는 이치를 알게 되고, 나아가 자기 스윙의 결점을 교정할 수 있다.

"저 프로에게 레슨을 받는데 조금도 실력이 늘지 않는다. 반대로 실력이 줄었다는 느낌이 든다"라는 아마추어 골퍼의 불평을 자주 듣는다. 이런 경우 가르치는 프로보다 레슨을 받는 사람에게 원인이 있는 경우가 많다.

나도 티칭 프로로부터 스윙의 결점을 교정하기 위한 레슨을 받은 적이 있는데, 그때마다 골프가 참 어렵다는 생각을 하곤 했다. 그때 언뜻 깨달은 점이 만약 스트레이트 볼을 치고 싶으면 그 방법을 직접 배우기보다 휘어지는 볼을 치는 법을 배우면 된다는 것이었다. 이것은 휘어지는 볼을 칠 수 있으면 반대로 휘어지지 않는 스트레이트 볼도 칠 수 있게 된다는 논리다. 이런 식으로 레슨 방식을 바꿈으로써 나의 골프는 장족의 발전을 이루었다.

슬라이스 볼 때문에 고민하는 사람은 의도적으로 훅을 치는 방법을 배워 볼 필요가 있다. 슬라이스가 나는 가장 큰 원인 가운데 하나는 테이크 백이 본인의 생각과는 전혀 엉뚱한 방향으로 올라가기 때문이다. 이런 경우 일부러 훅을 쳐 슬라이스 스윙 궤도를 수정하는 법을 익힌다. 이런 식으로 연습을 하면 자연히 스트레이트 볼이 나오는 클럽의 중간 궤도를 알 수 있게 된다. 세상에는 반면교사란 말이 있다. 이상적인 스윙을 배우기 전에 누구나 필드에서 흔히 나오는 슬라이스나 훅을 치는 법을 배우는 것도 하나의 연습 방법이다.

연습장에서는 구질에 구애받지 않는다

연습장에서 사용하는 볼은 컴프레션(compression, 볼의 경도)이 낮기 때문
에 만족할 만큼 볼이 높이 날아가지 않는 경우가 많다.

연습장에서 사용하는 볼과 실제 라운딩에서 사용하는 볼은 컴프레션이 다르기 때문에 연습장에서는 그리 높게 뜨지 않는 볼이 실제 라운딩에서는 멋진 샷이 된다는 사실을 알아두라.

연습장에서 최고의 샷을 구사하는 골퍼가 코스에 나가기만 하면 갑자기 샷이 난조를 보이는 흔히 '연습장 싱글'이라고 불리는 골퍼가 많이 있다. 그 원인은 연습장과 실제 코스가 여러 가지로 상황이 다르다는 사실을 간과하기 때문이다.

볼의 경우를 예로 들면, 연습장에서 사용하는 볼은 대체적으로 컴프레션이 낮기 때문에 이런 볼로 나이스 샷을 구사하는 감각을 익히면 실제 라운딩에서의 볼의 탄도는 아주 높이 뜨게 되며 약한 볼이 나온다. 그러므로 연습장에서는 이상적인 탄도를 가진 볼보다 조금 낮은 탄도를 유지한 채 날아가는 볼 정도로 충분하다는 사실을 염두에 두어야 한다. 그리고 이러한 감각을 익혀두면 실제 라운딩에서 이상적인 탄도의 구질이 나오게 된다.

또한 야간에 연습할 때도 주의해야 할 사항이 있다. 조명 아래에서 치는 볼은 힘 좋게 날아가는 듯한 강력한 인상을 받게 되는데 이러한 감각으로 실제 라운딩을 하면 대체적으로 날아가는 볼에 힘이 없다고 느낄 것이다. 그 결과 힘 좋게 날아가는 강한 볼을 치고자 하는 의식을 무의식중에 가지게 되며 자신도 모르는 사이에 몸에 필요 이상의 힘이 들어가 미스 샷을 연발하게 된다. 그러므로 연습과 실전은 전혀 다르다는 사실을 염두에 둔 채 연습을 하지 않으면 영원히 '연습장 싱글'이란 굴레에서 벗어나기 힘들다.

연습장에서는 자신 있게 휘두를 수 있는 클럽을 찾는다

연습장에서는 자신의 주특기가 될 만한 클럽을 찾아서 그 클럽을 잘 다룰 수 있도록 철저히 연습한다. 가령 7번 아이언을 잘 다룰 수 있으면 크리크와 버피는 별로 힘들이지 않고도 자기 것으로 만들 수 있다.

연습목적 ## 연습 목적을 확인한다

연습장은 골프 스윙의 여러 가지 문제점을 고치는 병원이 아니다. 왜냐하면 스윙의 문제점은 실제로 공을 치지 않더라도 얼마든지 극복할 수 있기 때문에 굳이 연습장이 아니더라도 상관없다. 자신 있는 클럽을 하나라도 더 자기 것으로 만드는 장소가 연습장이라고 생각하라.

골프 연습은 실제로 볼을 치지 않더라도 가능하기 때문에 연습의 목적을 확실하게 해두는 것이 좋다. 연습장은 그러한 성과를 확인해 보고 자신 있는 클럽을 하나라도 더 늘리는 장소이지 골프병을 고치는 장소가 아니다. 예를 들어, 쳤다 하면 볼이 왼쪽으로 많이 꺾이는 골퍼가 있다고 하자. 그 원인은 임팩트 순간에 왼쪽 팔꿈치를 지나치게 몸 안쪽으로 당기기 때문일 경우가 많다. 대부분의 사람들은 클럽의 페이스를 조금 연다든지 볼의 위치를 달리 해본다든지 등등 여러 가지 방법을 동원해 스트레이트 볼이 나오도록 스윙을 교정하려고 한다. 그러나 왼팔꿈치를 당기는 것이 원인이라면 오히려 볼을 치지 않고 스윙 연습만으로 교정하는 것이 더 효율적이다. 여차하면 연습이 이러한 증세를 더 악화시키는 원인이 될 수도 있기 때문이다.

따라서 언제 어떤 상황에서도 자신 있게 뽑아들 수 있는 클럽을 찾아내어 반복석으로 연습하는 것이 중요하다. 예를 들어 연습장에서 7번 아이언을 철저하게 마스터해 놓으면 자연히 크리크(cleek, 5번 우드)와 버피(buffy, 4번 우드)도 잘 다룰 수 있게 된다.

골프는 가능한 한 단순하게 플레이를 하는 것이 좋은 스코어를 내는 지름길이기 때문에 자신 있게 다룰 수 있는 클럽을 하나라도 더 늘려 놓으면 라운딩을 쉽게 하는 것이 가능하다. 골프를 잘 치는 사람일수록 자신 있게 휘두를 수 있는 클럽이 많으며 필연적으로 연습량도 많아진다. 실력에 따라 연습하는 방법도 달라져야 한다.

memo

LESSON·2

우드 편

오른발 앞에 가상의 볼을 둔다

슬라이스를 교정하려면 왼발 앞에 있는 실제의 볼이 아니라 오른발 앞에
둔 가상의 볼을 친다는 생각으로 스윙을 한다.

가상의 볼 ➡   ⬅ 실제 볼

연습목적 **슬라이스의 교정**

슬라이스 볼이 나오는 주된 이유는 왼발 뒤꿈치와 동일 선상에 있는 볼을 너무 의식하거나, 힘껏 볼을 쳐야 한다고 생각하거나, 체중을 재빠르게 왼쪽으로 이동시켜야 한다는 생각 등 이른바 멋진 샷을 날리고자 하는 강한 의식이 스윙 속에 스며들었기 때문이다.

어드레스의 기본에 맞게 자세를 취한 후 스윙의 기본에 근거하여 클럽을 휘두르더라도 슬라이스가 나오는 사람이 있다. 이런 사람은 대개 오른쪽 어깨가 빨리 앞으로 나오는 이른바 돌격형 다운 스윙을 한다. 돌격형 다운 스윙을 할 때 슬라이스가 나오는 이유는 몸 오른쪽에서 몸 왼쪽으로의 체중 이동을 너무 빨리 가져가기 때문이다.

왼발 뒤꿈치와 일직선상에 놓여 있는 볼을 지나치게 의식하면 다운 스윙을 시작하는 순간에 상반신을 왼쪽으로 움직이게 되고 그 결과 오른쪽 어깨가 앞으로 나오는 자세가 된다. 이런 자세에서는 클럽을 자연스럽게 휘두를 수 없으며 대체적으로 왼팔을 몸 뒤쪽으로 당기면서 스윙하게 된다. 이런 증세를 가진 사람은 왼발 앞에 놓여 있는 실제의 볼이 아니라 오른발 앞에 가상의 볼을 두고 그 볼을 친다는 생각으로 스윙을 하면 슬라이스를 교정할 수 있다.

오른발 앞을 히팅 포인트로 삼으라고 하면 체중 이동이 어렵다든지 올려치는 스윙이 되지 않을까 생각하는 사람이 있을지 모른다. 슬라이스로 고민하는 사람은 이 연습을 함으로써 고민에서 해방될 수 있다. 왜냐하면 오른발 앞에 있는 볼을 친다는 의식을 가지면 자연히 다운 스윙을 할 때 오른쪽 어깨가 앞으로 나오지 않는다. 또 오른발이 중심축이 되기 때문에 체중을 무리하게 왼쪽으로 움직여야 한다는 의식을 없앨 수 있고, 머리의 위치도 테이크 백 때의 위치와 거의 동일하기 때문에 결과적으로 힘이 실린 스윙을 구사할 수 있다.

체중을 좌 ⇒ 우 ⇒ 좌로 움직인다

완벽한 스윙이었다고 생각한 샷의 비거리가 의외로 짧은 경우가 있는데 그 원인은 어드레스 때의 체중 분할에 문제가 있기 때문이다.

연습목적 **비거리 향상**

어드레스 때 체중을 왼쪽 6, 오른쪽 4로 분할한 후 테이크 백을 시작하면 자연스럽게 체중을 오른쪽으로 이동시킬 수 있으며 톱 위치가 높아지기 때문에 비거리가 향상된다.

많은 골프 교과서에 어드레스 때의 체중을 왼쪽 4, 오른쪽 6으로 분할하라고 적혀 있다. 이렇게 체중을 분할하면 볼이 날아가는 방향이나 볼이 떨어지는 위치를 쉽게 연상할 수 있을지 모른다. 그러나 이것에 지나치게 의식을 집중하면 결과적으로 오른쪽 어깨가 너무 내려가서 테이크 백을 하더라도 톱의 위치가 충분히 높아지지 않는다. 그리고 이런 자세에서 스윙을 하면 멋진 샷을 날리더라도 생각한 만큼 비거리가 나오지 않는다.

대부분의 아마추어는 이런 식으로 오른쪽에 체중을 많이 두는 어드레스 자세를 취하는데, 테이크 백 할 때 왠지 모르게 자세가 어색하다고 느껴지면 다음과 같이 어드레스를 바꿔볼 것을 권한다.

처음에 왼발 쪽에 체중을 많이 얹는다. 다시 말해 왼쪽(어드레스) 오른쪽(톱) 왼쪽(임팩트) 식으로 체중 이동을 한다. 그러면 지금까지 느껴보지 못했던 감각으로 클럽을 휘두를 수 있게 되어 비거리가 늘어난다.

이 위쪽 6, 오른쪽 4의 어드레스는 대부분의 프로 골퍼들이 사용하고 있다. 마음먹기에 따라서는 매일 전철 안에서 또는 버스정류소에서 버스를 기다릴 때 좌, 우, 좌로 몸을 움직이는 것만으로 충분한 체중 이동 연습이 된다. 그리고 스코어 향상을 위해서는 이 연습이 반드시 필요하다.

아이언 매트에 볼을 두고 친다

골프 실력이 조금 늘어나면 이번엔 훅 때문에 고민하는 사람이 많아지는
데 이러한 고민은 의외로 간단히 풀 수 있다.

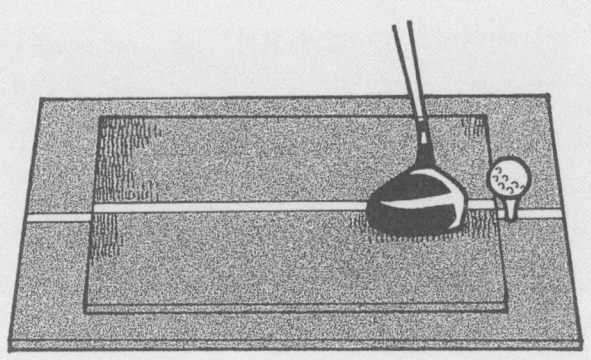

훅의 교정

티를 아주 낮추거나 아예 아이언 매트 위에 바로 볼을 올려놓은 후에 드라이버로 스윙을 몇 번 해보면 신기하게도 훅이 슬라이스성 구질로 바뀐다.

매트 위에 그냥 볼을 놓고 드라이버 샷을 연습하는 것만으로도 여태까지 훅 때문에 했던 고민에서 쉽게 벗어날 수 있다. 그러나 이 연습을 처음 시도하는 골퍼라면 티를 쓰지 않은 상태에서는 좀처럼 볼을 맞히기 힘들기 때문에, 처음에는 평소보다 낮은 티에 볼을 올려놓고 연습을 한다. 티가 낮아질수록 타구의 탄도가 낮아지고, 동시에 구질 역시 훅에서 슬라이스로 변하는 것을 확인할 수 있다.

대체로 클럽 헤드가 최하점을 지나 위로 올라가는 지점에서 볼이 맞는 이른바 '어퍼 스윙', 그리고 양손목을 너무 강하게 꺾을 때 훅이 나는 경우가 많다. 좀 더 자세히 설명하면 볼을 치는 순간에 밑에서 위로, 또 안쪽에서 바깥쪽으로 어퍼 스윙을 구사하면 볼이 오른쪽으로 회전하기 때문에 훅이 된다.

따라서 훅을 해결하기 위해서는 클럽 헤드가 올라갈 때 안쪽에서 바깥쪽으로 빠져나가지 않도록 하면 된다. 티가 아주 낮거나 아예 없는 상태에서 평소와 똑같이 스윙을 하면 클럽 헤드가 매트를 먼저 건드리기 때문에 뒤땅이나 공의 윗부분을 치게 된다. 따라서 매트를 건드리지 않고 볼만 치기 위해서는 자연히 높은 곳에서 낮은 곳으로 쓸어내는 듯한 궤도의 스윙을 해야 하기 때문에 결과적으로 구질이 스트레이트나 슬라이스로 바뀐다.

누워서 클럽을 쥔 채 얼굴 앞으로 갖고 온다

비거리를 향상시키기 위해서는 '타메'를 만드는 것이 중요하다. 그러나 초보자는 좀처럼 타메를 만들기 힘들다. 타메를 만들기 위한 키 포인트는 손목의 주름살이다.

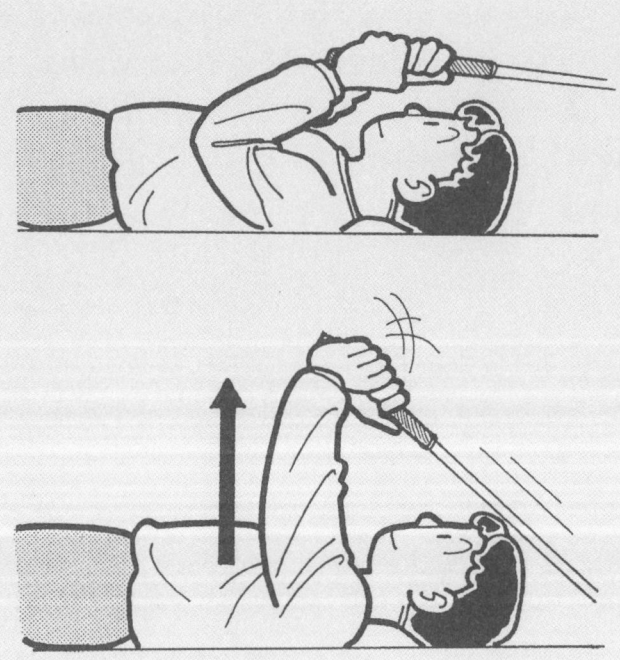

타메를 만드는 법

매일 5분씩 타메(힘을 신체의 관절에 저장했다가 순간적으로 폭발시키는 작용)를 만드는 연습을 하면 손목의 타메가 예각적으로 변해 양손목을 유연하게 사용할 수 있기 때문에 깜짝 놀랄 정도로 비거리가 향상된다.

언제 어디서나 간단히 연습할 수 있는 비거리 향상법을 소개하겠다. 이 연습은 취침 전에 이불 위에서, 업무 중간의 휴식시간 등을 이용하여 할 수 있다. 먼저 클럽을 쥔 상태로 얼굴 앞으로 가져온다. 그리고 왼쪽 그림과 같이 양팔을 주욱 펴면서 왼손 새끼손가락이 전방을 향하도록 한다. 즉 양손목이 자신의 얼굴 쪽에서 굽혀지게 하면 양쪽 손목에 큰 주름살이 2,3개 생긴다.

이 주름살이 손목의 타메를 만든다. 타메는 다운 스윙 할 때 팔과 클럽의 각도를 예각으로 보전하는 상태를 말한다.

그리고 톱 위치를 만들 때 왼쪽 새끼손가락을 가능한 한 몸에서 멀리, 즉 오른쪽 방향으로 주욱 나가게 하면 큰 백 스윙을 만들 수 있다.

이 연습을 매일 5분씩이라도 반복적으로 하면 서서히 손목의 타메가 예각으로 변해 양손목을 유연하게 사용할 수 있다. 그리고 타메가 만들어지면 비거리가 늘어남은 물론이고 특히 아이언 샷이 몰라볼 정도로 발전한다. 그러나 이 연습은 자칫 손복 부상을 초래힐 수 있기 때문에 충분히 시간을 두고 서서히 진행하는 것이 좋다.

최적의 위치에 볼을 놓는다

페어웨이 우드를 사용할 경우에는 스윙보다는 볼을 놓는 위치에 유의해
야 한다.

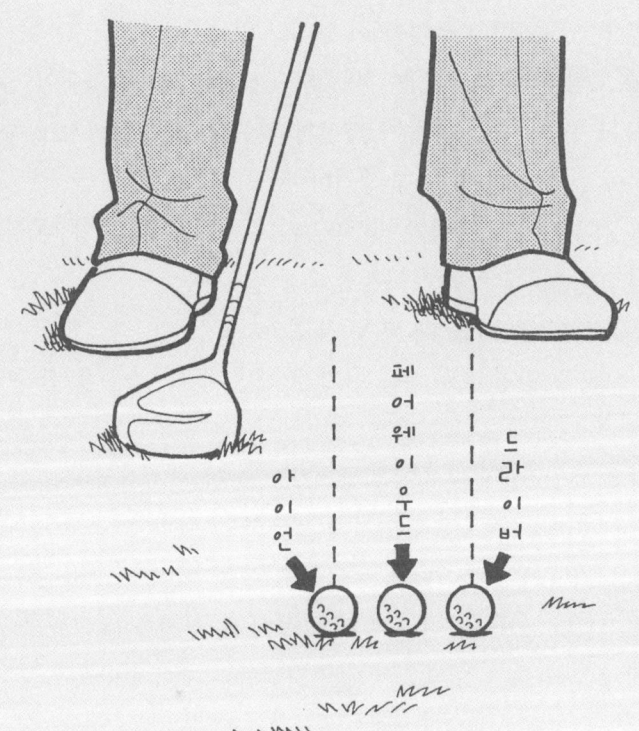

아이언   페어웨이 우드   드라이버

드라이버나 페어웨이 우드를 사용할 때 볼의 위치를 바꿔본다. 페어웨이 우드의 볼 위치는 드라이버와 아이언의 중간 지점이 적당하다.

페어웨이 우드를 사용할 때 드라이버와 마찬가지로 왼발 뒤꿈치와 일직선상에 볼을 놓은 채 스윙을 하는 사람이 많은데 그렇게 하면 슬라이스가 나거나 볼의 윗부분을 때리기 십상이다.

이런 경우 볼의 위치에 대해 기본에서 응용까지를 종합해서 생각해 볼 필요가 있다. 아이언 샷은 볼 위치를 몸의 중앙에 두는 것이 기본이며, 드라이버 샷은 왼발 뒤꿈치와 일직선상에 볼을 두는 것이 기본이다. 그리고 같은 우드라 하더라도 드라이버 샷과 페어웨이 우드 샷에는 큰 차이가 있다. 여기서 먼저 이해하고 넘어가야 할 중요한 포인트는 어떤 클럽이든 스윙 궤도의 최하점은 몸의 정중앙이 된다는 것과 클럽에 따라 스윙 자세를 바꾸어서는 안된다는 것이다.

본론으로 돌아와 티 그라운드에서 드라이버 샷을 할 때의 볼의 위치와 볼의 높이를 상기해 보자. 볼의 위치는 왼발선상에, 볼의 높이는 티업 높이만큼 지면에서 떨어져 있다. 즉 드라이버 샷의 경우는 볼을 티에 올려놓고 치기 때문에 클럽 헤드가 몸의 정중앙인 최하점을 통과하여 올라가는 과정에서 볼을 때려야 가장 정확히 볼을 맞힐 수 있다. 그러므로 볼의 높이만큼 몸의 중앙에서 왼쪽으로 볼을 두어야 한다. 그러나 페어웨이 우드를 사용할 경우 볼은 페어웨이나 러프에 놓여 있기 마련이며 볼의 높이 또한 티 샷 때와는 다르다.

볼의 위치를 한 곳으로 고정할 것이 아니라 클럽에 따라 적절한 위치를 발견하는 것이 중요하다.

실제 치게 될 볼의 뒤에 볼을 하나 더 놓아둔다

페어웨이 우드를 사용할 때 볼의 윗부분이나 뒤땅을 치기 쉬운데 이러한 샷을 교정하는 연습법이다.

페어웨이 우드 스윙의 수정

실제로 칠 볼 뒤에 볼을 하나 더 놓은 후 테이크 백을 할 때 그 볼을 뒤쪽으로 쓸어버린 후 스윙을 한다.

페어웨이 우드 샷을 할 때마다 항상 볼의 윗부분을 치는 사람의 스윙을 찬찬히 살펴보면 대체적으로 클럽을 들어올릴 때 왼쪽 어깨가 내려가고 다운 스윙을 할 때 역으로 오른쪽 어깨가 내려가는 스윙을 하고 있다.

이러한 스윙을 하게 되는 제일 큰 이유는 어드레스를 취했을 때 양 어깨의 라인과 양팔이 만드는 삼각형을 절대로 흐트리지 않겠다는 의식이 너무 강하기 때문이다. 이것을 교정하기 위해서는 실제로 칠 볼 뒤쪽에 클럽 헤드를 감싸듯이 또 다른 볼을 하나 더 놓은 후 뒤쪽의 볼을 쓸어낸다는 기분으로 테이크 백을 가져가는 연습을 하는 것이 좋다.

이 연습을 해보면, 삼각형을 유지해야 한다는 의식을 하면 할수록 뒤에 놓인 볼을 쓸어내기가 쉽지 않다는 사실을 알게 될 것이다. 역으로 양팔에 어느 정도 여유를 두게 되면 간단히 뒷볼을 날려보낼 수 있을 것이다. 처음엔 뒷볼을 쓸어내는 것에만 신경을 집중해 정작 중요한 원래의 볼이 잘 맞지 않을 수도 있지만 그렇다 하더라도 그런 것에 너무 신경 쓸 필요는 없다. 이 연습은 볼을 치는 것이 목적이 아니라 클럽 헤드의 움직임에 따라 팔이 자연스럽게 뒤로 올라가는 것을 터득하는 것이기 때문이다. 목적이 달성되면 자신도 모르는 사이에 안정된 스윙 궤도를 유지하게 된다.

여분의 볼을 오른발 뒤꿈치로 밟은 채 볼을 친다

페어웨이 우드 샷에 서투른 사람은 대체적으로 볼의 탄도가 높지 않으며
왼쪽으로 당겨치는 경우가 많다.

여분의 볼을 오른발 뒤꿈치로 밟은 채 실제의 볼을 친다. 이 자세로 는 몸의 왼쪽에 무게를 둔 채 볼을 치지 않으면 안되기 때문에 이 연 습을 하면 자연히 볼의 탄도가 높아지는 스윙 감각을 익힐 수 있다.

페어웨이 우드 샷의 탄도가 높지 않다고 고민하는 사람이 더러 있 는데 이런 사람은 의식적으로 볼을 위에서 내려치는 연습을 해야 한 다. 볼을 위에서 내려친다는 것은 볼을 위에서부터 눌러 뭉개는 듯한 느낌으로 스윙하는 것을 말한다. 혹시 독자 중에는 볼을 밑에서 위로 올려쳐야 볼의 탄도가 높아지지 않을까 하고 생각할지 몰라도 볼은 위에서 아래로 내려쳐야만 볼에 역회전이 걸려 높은 탄도를 유지하 게 된다.

이런 스윙을 익히기 위해서는 오른발 뒤꿈치로 공을 하나 밟은 채 실제의 볼을 친다. 이런 자세로는 어쩔 수 없이 몸의 중심을 왼쪽에 둔 채 볼을 치지 않으면 안되므로 자연히 볼을 위에서 내려치는 감각 을 익힐 수 있게 된다.

단, 내려치는 각도가 지나치게 예각이면 볼에 역회전이 너무 많이 걸린 나머지 볼의 힘이 멀리 날아가려는 힘보다 높이 올라가려는 힘 으로 변해 비거리가 약간 떨어지게 된다.

그리고 이 연습법은 실제로 라운딩을 할 때 왼발 쪽이 낮은 라이에 서 볼을 쳐야 할 상황에 대비한 연습 방법이기도 하다. 실전에서 롱 아이언으로는 높은 탄도의 볼을 치기 힘든 왼발 쪽이 낮은 라이의 상 황에서 7번이나 5번 우드로 손쉽게 높은 탄도의 볼을 날릴 수 있게 된다.

야구 방망이로 스윙 연습을 한다

체력이 달려 힘이 없다고 생각하는 사람도 동반자가 놀랄 정도의 드라이버 샷을 날릴 수 있다.

팔 힘을 강화해 비거리를 늘린다

자연스럽게 스윙 궤도를 익힐 수 있고 왼팔과 왼손의 악력이 강화되어 비거리가 늘어난다. 또 긴 샐러리맨 생활로 약해진 다리와 허리를 강화시켜주는 이점도 있다.

골퍼라면 누구나 멋진 드라이버 샷과 비거리 향상이 영원한 희망사항이다. 이러한 희망사항을 현실로 만들기 위해 야구 방망이를 가지고 스윙 연습을 하기 바란다. 방법은 의외로 간단하다. 야구 방망이를 왼손으로 꽉 잡은 후 오른손을 손잡이에 가볍게 얹은 상태로 방망이를 휘두르면 된다.

야구 방망이는 클럽보다 두 배 이상 무겁기 때문에 왼손만으로 휘두르는 것이 쉽지는 않겠지만 매일 반복적으로 연습하면 왼쪽 손목을 돌리는 법과 왼팔을 접는 법을 자연스럽게 터득할 수 있다. 역으로 왼팔을 접지 않으면 방망이의 무게를 감당하지 못해 올바른 스윙을 할 수 없다는 것을 느끼게 될 것이다.

그리고 이 연습을 통해 스윙은 왼쪽 하반신과 왼팔이 리드하지 않으면 자연스럽게 방망이를 휘두를 수 없다는 사실도 알게 될 것이다. 이러한 연습을 계속하면 스윙 궤도를 자연스럽게 익힐 수 있다. 또 왼팔의 쥐는 힘이 강화되어 비거리가 향상되면 동시에 다리와 허리의 움직임도 좋아진다. 하반신이 안정되시 않으면 절대로 골프 실력의 향상을 기대할 수 없다. 이것은 모든 스포츠에 적용된다.

그리고 이 연습은 매일 반복하는 것이 좋지만 처음부터 욕심을 부리지 말고 몸에 무리가 가지 않는 선에서 조금씩 횟수를 늘려가는 게 바람직하다. 하루에 30회에서 50회 정도 꾸준히 반복하면 비거리가 30야드 이상 늘어난다.

턱을 당긴 채 손만을 사용하여 스윙 감각을 익힌다

페어웨이 우드 샷이 서투른 사람은 무엇보다 스윙을 할 때 볼을 멀리 날려 보내겠다는 의식을 버려야 한다. 왜냐하면 페어웨이 우드는 다른 클럽보다 샤프트가 길기 때문에 클럽을 믿고 평소대로 스윙을 하면 자연히 볼은 멀리 날아가게끔 만들어져 있다.

연습목적 **확실한 샷**

턱을 당기면 저절로 몸의 움직임이 제한되는 듯한 느낌이 들지만 그
것에 관해서는 크게 신경 쓸 필요가 없다. 극단적으로 말하면 하반
신을 전혀 움직이지 않은 채 손만으로 스윙을 하여도 무방하다.

드라이버 샷의 비거리가 그리 많이 나지 않는 골퍼는 파 5나 긴 파
4홀에서 두 번째 샷의 거리가 상당히 부담스럽게 느껴지게 마련이다.
이러한 상황에서 두 번째 샷을 그린에 올리기 위해 페어웨이 우드를
사용하는 골퍼가 많은데, 대부분의 주말 골퍼들은 페어웨이 우드를
자유자재로 다루는 것이 서툴다. 이것은 페어웨이 우드는 볼을 멀리
까지 보내기 위한 클럽이라는 의식이 지나치게 강하기 때문이다. 이
러한 강박 관념이 무의식중에 스윙 전체에 영향을 끼친다. 어드레스
를 할 때부터 공을 최대한 멀리까지 날려보내야 한다는 생각이 머릿
속에 가득한 나머지 온몸에 힘이 잔뜩 들어간다. 그러나 몸에 힘이 들
어가면 갈수록 비거리는 오히려 짧아진다는 사실을 알아야 한다.

먼저 볼을 멀리 날리겠다는 의식을 버리고 턱을 당긴 채 스윙을 하
는 연습을 한다. 턱을 당기게 되면 자연스럽게 몸을 움직이는 것이
제한받는 듯한 느낌을 받을 것이다. 그러나 그런 상태로 충분하다.
하반신을 고정한 채 팔만 가지고 스윙 연습을 하는 것으로 충분하다.

게다가 턱을 당긴 자세로 어드레스를 하면 머리가 몸 중심에 위치
한다는 사실을 느낄 수 있으며 어깨가 비구선과 평행을 이루고 있는
지 확인하기도 수월할 뿐만 아니라, 헤드업을 방지하는 부수적인 효
과까지 거둘 수 있다. 라운드 중에 페어웨이 우드가 말을 듣지 않으
면 볼을 치기 전에 턱을 당긴 채 스윙 연습을 몇 번 하라. 그것만으로
도 스윙이 훨씬 간결해져 멋진 샷의 가능성이 높아진다.

티를 쓸어버리는 듯한 감각으로 스윙한다

페어웨이 우드 샷이 뒤땅을 치는 경우 양쪽 어깨의 움직임에 유의하라고
충고하는 전문가가 많은데, 정작 이 말이 무엇을 의미하는지 실감하기란
쉬운 일이 아니다.

뒤땅의 방지

페어웨이 우드로 뒤땅을 치는 사람은 티를 적절히 활용해 볼 필요가 있다. 이때 중요한 포인트는 티를 쓸어버리는 감각으로 볼을 치는 것이다.

페어웨이 우드만 잡으면 꼭 뒤땅을 치는 사람이 많은데 이런 사람들은 대체로 장타를 의식한 나머지 지나치게 몸을 많이 움직인다. 즉 다운 스윙 할 때 왼쪽 어깨가 너무 높아지거나 아니면 많이 열려 클럽 헤드가 빨리 떨어지기 때문에 결과적으로 뒤땅을 치게 된다.

이러한 페어웨이 우드 샷의 결점을 교정하려면 볼을 티에 올려놓고 연습하는 것이 좋다. 이 경우 티의 높이는 드라이버 샷과 같은 높이가 아니라 파 3홀에서 사용하는 짧은 티의 높이로 충분하다.

티를 사용한다고 해서 드라이버 샷 때와 똑같은 감각으로 스윙을 하는 것은 절대 금물이다. 이 연습의 중요한 포인트는 티를 쓸어버리는 듯한 느낌으로 볼을 치는 것이다. 그렇게 하면 자연히 매트에 클럽 헤드가 미끄러지는 듯한 스윙 감각을 익힐 수 있다.

이러한 감각이 어느 정도 익숙해지면 티를 치우고 이번엔 매트 위에 직접 볼을 놓는다. 이때 시험삼아 2~3센티미터 정도 클럽을 짧게 잡으면 스윙이 더욱 쉬워진다는 것을 실감할 수 있다. 그래도 미스 샷이 줄어들지 않으면 다시 티를 활용하는 연습을 되풀이한다. 이 연습을 반복하면 더 이상 뒤땅을 걱정하지 않고 산뜻하면서도 장쾌한 우드 샷을 구사할 수 있게 될 것이다.

볼의 우측 밑부분을 조준한다

볼을 조준하는 위치에 따라 비거리에 차이가 난다. 볼의 우측 밑부분을 조준하여 스윙을 하면 최대한의 비거리를 맛볼 수 있다.

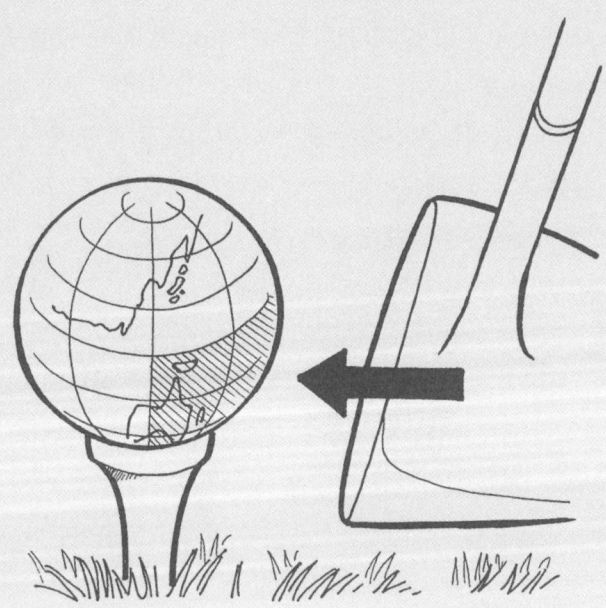

볼의 우측 밑부분을 조준점으로 삼아 스윙을 하면 머리를 움직이지 않은 채 클럽 헤드가 볼을 친 후 미끄러지듯이 빠져나가는 스윙이 된다. 즉 시선을 볼의 우측 밑부분에 고정한 상태에서 스윙을 하면 비거리가 많이 늘어난다.

어드레스 상태에서 막연히 볼을 보면 볼은 단순한 원으로 보인다. 그러나 비거리를 내기 위해서는 볼을 지구로 간주하고, 지구의 어느 부분을 칠 것인가를 생각할 필요가 있다. 프로의 경우는 볼의 일정한 한 점을 조준하여 스윙을 하지만, 이 방법은 고도의 기술을 필요로 하기 때문에 초보자가 여기까지 의식할 필요는 없다. 프로가 겨냥하는 일정한 한 점이란, 어드레스 자세에서 볼을 보았을 때 볼의 우측 밑부분, 볼을 바로 위에서 보았을 때도 볼의 우측 밑부분을 말한다.

비거리를 내기 위해서 볼의 우측 밑부분을 조준점으로 해야 하는 까닭은 이 부분을 조준하여 스윙을 하면 클럽이 몸 근처에서 마치 몸을 휘감는 듯한 상태로 내려오기 때문에 결코 몸의 바깥쪽에서부터 클럽이 내려오지 않게 된다. 참고로 몸의 바깥쪽에서부터 클럽이 내려오면 볼의 바깥쪽 밑부분을 치게 되므로 슬라이스 볼이 나온다.

몸의 안쪽에서부터 클럽이 내려오면 안쪽에서 바깥쪽 방향으로 클럽 헤드가 빠져나가는 듯한 스윙이 되므로, 결과적으로 비거리가 많이 나는 드로 볼을 치게 된다. 그리고 이 부분을 의식하면서 스윙을 하면 왼쪽 어깨가 열리는 것을 교정할 수 있기 때문에 자연히 오른쪽 어깨가 비구선 방향으로 쏠리는 것을 방지할 수 있다. 볼을 보는 위치만으로도 초급자나 중급자에게서 흔히 볼 수 있는 찍어치는 듯한 스윙을 간단히 교정할 수 있다. 다운 스윙에서 볼을 보는 시선이 얼마나 중요한지 알 수 있다.

memo

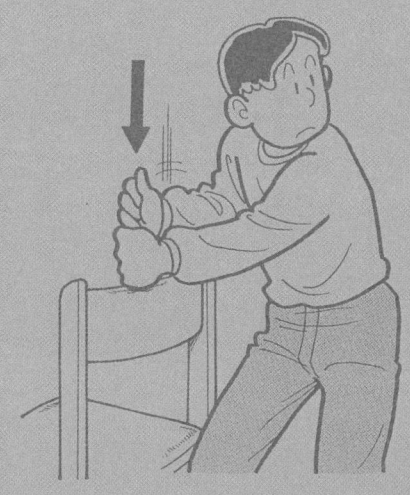

LESSON・3
아이언 편

클럽을 엄지와 검지만으로 잡은 채로 스윙한다

양손을 분리한 채 클럽의 그립을 엄지와 검지만으로 잡은 상태에서 스윙을 한다. 처음엔 클럽이 크게 흔들리겠지만 어느 정도 익숙해지면 의도한 스윙 궤도로 클럽을 들어올릴 수 있다.

안정된 스윙 궤도

네 손가락 타법은 골프 스윙이 무엇인지를 감각적으로 익히는 연습법이다. 지렛대의 원리를 터득하면 스윙 궤도가 안정되고 클럽 헤드의 무게도 느낄 수 있다.

연습장에서 볼을 티업한 상태에서 7번 아이언으로 스윙을 한다. 이때 왼손에 힘이 너무 들어가면 생크가 나거나 볼이 오른쪽 방향으로 날아가 버린다. 반대로 오른손을 너무 꺾으면 볼이 왼쪽으로 날아가게 마련이다. 즉 팔의 힘을 뺀 상태에서 클럽 헤드의 무게만으로 스윙을 하지 않으면 볼은 생각한 대로 날아가지 않는다.

네 손가락 타법으로 아이언을 가지고 실제로 볼을 치는 것처럼 스윙 연습을 한다. 500그램이나 되는 클럽을 네 손가락만으로 휘두르기 때문에 백 스윙 할 때 클럽 헤드의 방향을 전혀 엉뚱한 쪽으로 들어올리는 것이 불가능하다는 것을 알게 될 것이다. 이 스윙 연습을 여러 차례 반복하면 지렛대의 원리를 자연히 터득하게 되고 클럽 헤드가 안정적으로 올라가는 포인트를 알게 된다. 이 감각으로 스윙 연습을 몇 번 반복한 후에 이번엔 양팔을 유연하게 유지한 상태에서 보통 때와 같은 그립으로 볼을 쳐본다. 볼은 반드시 지금까지와는 달리 일정한 방향으로 날아갈 것이다.

클럽 헤드의 올바른 궤도를 터득하면 자연스럽게 집힌 왼팔이 축으로 작용해 헤드의 무게도 자연스럽게 살아나게 된다. 연습장에 가지 않는 날은 정원에서 이 네 손가락 타법을 몇 번 정도 연습하기 바란다.

그립한 양손을 의자의 등받이 부분에 걸친다

양손으로 정상적인 그립을 유지한 채 의자의 등받이 부분에 올리고 클럽을 다운 스윙 하는 식으로 양팔에 힘을 넣는다. 이때 의자의 등받이 부분이 몸쪽으로 오도록 놓는다.

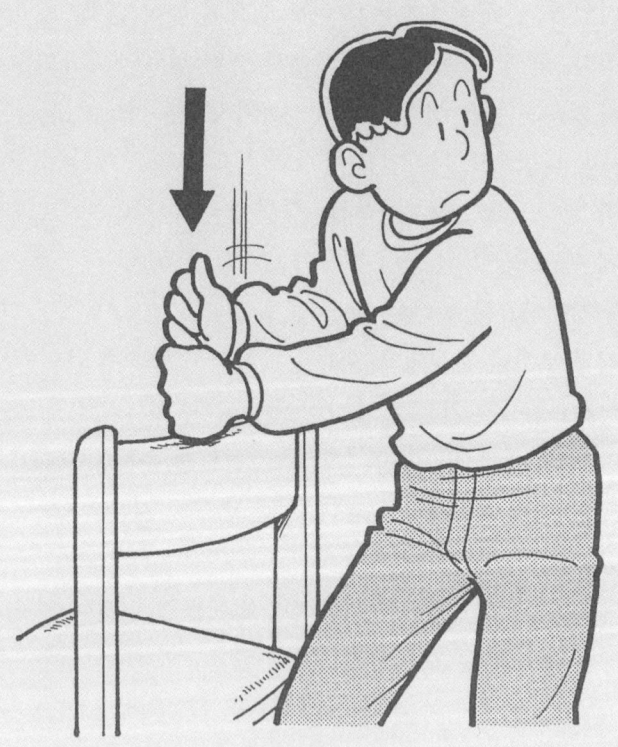

클럽을 밑으로 내리는 감각을 익히는 연습

아이언이 잘 맞지 않는 사람의 결점은 클럽을 옆으로 휘두르기 때문이다. 이 연습을 통해 어떤 각도로 클럽을 밑으로 내리면 가장 강력한 스윙이 되는지 알 수 있다.

골프 스윙의 기본은 클럽을 밑으로 휘두르는 것이다. 클럽을 옆으로 휘두르면 클럽 헤드가 어드레스 때의 위치를 정확하게 통과하지 않기 때문에 뒤땅이나 볼의 윗부분을 치는 이른바 미스 샷이 나온다. 또 클럽을 옆으로 휘두르게 되면 헤드에 충분한 힘이 전달되지 않기 때문에 잔디나 흙의 저항을 이겨내지 못하며 생각한 만큼 비거리가 나오지 않는다.

클럽을 밑으로 휘두르는 감각을 익히기 위해서 등받이가 있는 의자를 준비하여 앉는 부분을 자신의 우측에 두고 등받이에 양손을 올린다. 만약 양팔을 옆방향으로 내리려고 하면 양팔에 힘이 들어가지 않는다는 것을 알게 될 것이다. 이것은 클럽을 옆으로 휘두를 때 자신의 힘을 100퍼센트 사용할 수 없게 된다는 증거다. 이렇게 해서는 미스 샷이 많이 나오고 거리도 나지 않는다.

그립을 아래쪽으로 내리면 어떤 각도로 양손을 내렸을 때 가장 힘이 많이 실리는지 알 수 있다. 당연히 양팔을 수직으로 내렸을 때이다. 이것이 아이언 클럽을 밑으로 내리는 감각이다. 그리고 이 감각을 익힌 후에 실제로 볼을 쳐본다. 예전과 다르게 볼이 최초에는 오른쪽으로 날아갈 것이다. 그러나 같은 동작을 반복하면 방향이 일정해지고 또한 볼에 강한 힘이 실리는 것을 느낄 수 있다. 그리고 자신도 놀랄 정도의 비거리를 맛보게 될 것이다.

합판 위에 볼을 두고 친다

합판 위에 볼을 두고 가능한 한 합판을 건드리지 않는 상태로 스윙을 한
다. 합판을 치는 소리가 들리면 몸에 힘이 들어간 스윙이다.

롱 아이언의 기본

롱 아이언의 스윙은 클럽의 로프트를 잘 활용하는 것이 기본이다. 임팩트 순간에 클럽의 페이스는 조금 열린 듯한 상태가 좋으며 볼을 친다는 의식을 버린다.

롱 아이언의 특징을 살리기 위해서는 클럽의 로프트를 잘 이용해야 한다. 롱 아이언을 사용하여 볼을 위에서 찍어치는 듯한 극단적인 다운 스윙을 구사하면 로프트의 장점을 죽여버리는 결과가 된다.

오른손의 힘으로 클럽 헤드를 지면에 찍어치는 듯한 스윙은 다운 스윙을 할 때 오른쪽 어깨가 먼저 앞으로 나오기 때문에 오른손이 덮인 상태가 되며 이런 상태로는 롱 아이언의 특징을 살린 구질을 얻을 수 없다.

이러한 스윙을 교정하기 위해서는 합판을 이용한 스윙 연습을 하는 것이 좋다. 가능한 한 클럽이 합판에 닿지 않도록 스윙 연습을 함으로써 오른손을 컨트롤하는 요령과 힘을 비축하여 볼을 치는 방법을 자연스럽게 익힐 수 있다. 힘을 비축한 채로 스윙을 하기 위해서는 클립 페이스가 열린 상태에서 볼을 맞혀야 하기 때문에 결과적으로 롱 아이언의 로프트를 최대한 활용할 수 있게 된다.

연습장에서 매트 끝에 볼을 둔 상태로 롱 아이언 연습을 하는 사람을 자주 볼 수 있는데, 최근의 캐비티 아이언은 찍어치는 연습을 할 필요가 없다. 이러한 연습은 나쁜 습관을 기르는 연습을 하는 것과 같다. 다시 한 번 반복하지만 캐비티 아이언은 클럽의 특성상 아무런 생각 없이 위에서 내려찍는 스윙을 할 필요가 없다. 롱 아이언의 스윙은 합판을 건드리지 않고 쓸어내는 스윙으로 충분하다.

오른쪽 스파이크로 볼을 밟은 채 스윙을 한다

오른발로 공을 밟고 서면 자세가 불안정해지지만 그런 상태에서 자연스
럽게 클럽을 휘두를 수 있도록 연습한다.

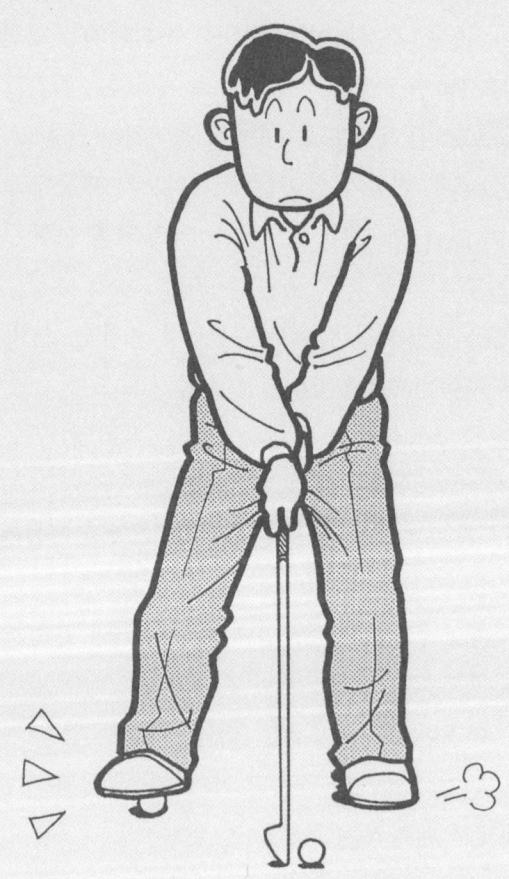

올려치는 스윙 자세의 교정

아이언의 올려치는 스윙은 오른발에 체중이 실렸다는 증거다. 이것을 고치기 위해서 일부러 오른발을 불안정한 상태로 만들어 오른발에 불필요한 체중이 실리지 않도록 한다.

지면과 볼의 조그마한 틈 사이에 정확히 클럽 헤드를 집어넣는 것은 프로도 꽤 하기 힘든 기술이다. 그러나 아마추어 골퍼들은 이런 어려운 기술을 무리하게 시도한다.

아이언 샷이 서툰 사람은 볼의 탄도를 높이기 위해 볼과 지면 사이에 정확히 클럽 헤드를 집어넣으려고 한다. 그리고 클럽 페이스를 볼에 정확히 맞추려는 의식이 강하기 때문에 결국에는 볼을 밑에서 위로 올려치는 스윙 자세가 나오게 된다. 그러나 클럽의 로프트를 믿고 자연스럽게 스윙을 하면 무리하게 올려치려고 하지 않아도 볼은 자연히 높이 뜨기 마련이다.

올려치는 스윙의 원인은 볼을 높이 띄워야 한다는 생각으로 임팩트 시 오른발에 체중을 남긴 채 볼을 치기 때문이다. 이런 자세를 교정하기 위해서 오른쪽 신발 밑에 볼을 하나 두고 그것을 밟은 채 오른발을 불안정한 상태로 만드는 것이다. 오른발이 불안정하게 되면 자연히 왼발이 축이 되고 왼팔의 접는 법도 익히게 되며 올려치는 스윙을 교정할 수 있게 된다.

이런 어드레스를 취한 채 클럽을 자연스럽게 들어올려 클럽 헤드를 위에서부터 내려주면 볼은 높은 탄도를 유지하게 마련이다.

왼쪽 스파이크로 볼을 밟은 채 볼을 친다

왼발로 볼을 밟은 채 왼쪽 무릎을 보통 때보다 조금 굽힌 다음 오른발에
여유가 있도록 어드레스를 취하고 보통 때와 같은 스윙을 한다.

왼발 쪽이 높은 경사에서의 샷

왼쪽이 높은 경사에 볼이 있을 경우 지면을 너무 의식하면 왼팔의 접는 법을 잊어버리기 때문에 미스 샷이 나오기 십상이다. 이런 미스 샷을 교정하는 방법으로 왼발로 볼을 밟은 채 볼을 치는 연습을 한다.

왼발 쪽 경사가 높은 지면에서 스윙을 할 때 대부분의 사람들이 실수를 범하는 원인은 오른쪽 어깨를 너무 밑으로 내리거나 백 스윙 할 때 클럽을 몸 안쪽으로 너무 당기기 때문이다. 지나치게 안쪽으로 당겨진 톱 위치에서 그대로 스윙을 하면 볼은 오른쪽으로 곧장 날아가게 마련이다. 이러한 사실을 지나치게 의식하면 이번엔 클럽을 왼쪽으로 당기게 되어 볼이 왼쪽으로 날아간다.

이러한 스윙으로는 클럽의 궤도가 흔들리기 때문에 볼을 제대로 맞힐 수 없다. 불안정한 궤도를 교정하기 위해서는 보통 때와 같은 스윙을 할 수 있는 자세를 취하는 것이 중요하다.

왼발로 볼을 밟은 채 스윙 연습을 할 때, 왼쪽 무릎을 보통 때보다 조금 굽힌 채 왼발에 여유를 주면 오른쪽 어깨가 밑으로 내려가는 것을 방지할 수 있으며 클럽을 안쪽으로 당겨 올리는 결점도 없어져 뒤땅이나 당겨치는 샷을 교정할 수 있다.

몇 번이고 반복하지만 실전에 대비한 연습을 하지 않는 사람은 연습장에서는 곧잘 멋진 샷을 구사하지만 코스에 나가기만 하면 미스 샷을 연발하기 마련이다. 실제로 코스에서는 경사나 굴곡이 많으며 연습장처럼 곧바로 서서 스윙을 하는 경우는 티 샷 정도일 뿐이다. 그러므로 아이언 샷을 연습할 때는 특히 이러한 상황을 염두에 둔 연습을 하는 것이 스코어를 줄이는 지름길이다.

양발 끝에 볼을 하나씩 둔 채 신발로 밟는다

양발 끝으로 볼을 하나씩 밟으면 몸 전체가 불안정한 상태가 된다. 이러한 불안정한 자세에 익숙해지기 위해서는 하반신을 고정한 상태에서 상반신만으로 스윙을 해야 한다.

발가락 쪽이 높은 경사에서의 샷

발가락 쪽이 높은 경사에서는 양발의 발가락 쪽이 위로 향하며 볼은 보통 때보다 높은 위치에 있다. 이런 상황에서는 어깨를 돌리지 않은 채 상반신만으로 볼을 쳐야 한다.

발가락 쪽이 높은 경사지에서의 샷은 야구 선수의 스윙을 염두에 두는 것이 좋다고들 한다. 이것은 어깨와 하반신을 사용하지 않은 채 클럽을 옆으로 올려 손만으로 쓸어내듯이 스윙하는 것을 의미한다.

발가락 쪽이 높은 경사지에서는 볼이 보통 때보다 높은 위치에 있는데, 이런 상황에서 여느 때와 같은 스윙으로 볼을 치면 몸 중심이 뒤쪽으로 쏠려버려 다양한 미스 샷이 나오게 된다. 그리고 볼을 정확하게 치려고 하면 할수록 오른쪽 어깨가 먼저 앞으로 나오기 때문에 또 다른 미스 샷이 나오게 된다. 이러한 상황에서 정확한 샷을 구사하기 위해서는 연습장에서 일부러 몸 전체를 불안정한 상태로 만든 후 스윙 연습을 한다. 연습 방법은 하반신을 고정시킨 채 상반신만을 (손만으로) 이용하여 스윙을 하는 것이다.

언습장에서는 실전을 염두에 두고 여느 때보다 하나 더 긴 클럽을 짧게 잡고 몸 앞에서 쓸어버리는 듯한 스윙을 익히기 바란다. 이때 보통 때보다 왼쪽으로 클럽을 휘두르는 연습을 하는 것이 좋다. 그리고 발가락 쪽이 높은 경사지에서는 볼이 왼쪽으로 날아가기 쉽기 때문에 목표 방향을 조금 오른쪽으로 잡는 것이 좋다.

양발의 뒤꿈치로 볼을 밟은 채 손만으로 친다

양발의 뒤꿈치로 볼을 하나씩 밟은 채 발 앞꿈치가 낮은 상태에서 하반
신을 가능한 한 움직이지 않고 손과 팔만을 이용하여 클럽을 휘두른다.

발 앞꿈치가 낮은 상태에서의 샷

양발의 뒤꿈치를 높일 때 막대기 같은 것을 사용하면 양뒤꿈치가 안정된 상태가 되므로 효력이 별로 없다. 볼을 치는 방법은 발 앞꿈치가 높은 상태와 동일하다.

발 앞꿈치가 내려간 경사지에서 2타째 3타째를 쳐야 하는 상황이라면 직전의 샷이 미스 샷이었다는 증거다. 미스 샷을 반복하지 않기 위한 리커버리 샷의 연습을 보통 때부터 익혀두는 것이 중요하다.

연습장에서도 조금만 신경을 쓰면 다양한 형태의 리커버리 샷을 연습할 수 있다. 발가락 쪽이 내려간 상태를 만들려면 발 앞꿈치가 올라간 상태와는 반대로 양발의 뒤꿈치로 볼을 하나씩 밟으면 된다.

이러한 불안정한 상태에서 클럽을 휘두를 때는 하반신을 움직이지 않은 채 스윙을 하는 것이 철칙이다. 손만으로 볼을 치는 감각을 익혀두면 미스 샷을 연발하는 일이 없어지며 실전에서 갑자기 무너지는 상황을 피할 수 있다.

발 앞꿈치가 내려간 경사지에서는 볼을 내려다보기 때문에 편평한 곳보다 볼의 위치가 멀다. 그러므로 연습장에서 의식적으로 볼에 가깝게 서려는 습관을 익히는 것이 중요하다.

그리고 하반신을 사용하지 않는 만큼 비거리가 줄어들므로 평소보다 하나나 둘 정도 긴 아이언으로 바꿔 연습하기 바란다. 목표 방향은 발 앞꿈치가 올라간 상태와는 반대로 목표보다 왼쪽으로 잡아야 한다.

숨을 들이쉬면서 테이크 백을 한다

숨을 들이쉬면서 클럽을 들어올리며 숨이 멈춘 상태에서 클럽을 멈춘다.
그곳이 자신에게 적합한 톱 위치다.

연습목적 **안정된 비거리**

톱 위치가 일정하지 않으면 스윙 때마다 궤도가 달라지기 때문에 샷이 들쭉날쭉하게 된다. 숨을 들이쉬면서 테이크 백을 하는 습관을 들여 톱 위치를 일정하게 한다.

망치를 가지고 힘껏 못을 내려치는 상황을 생각해 보자. 필시 가장 힘껏 내려칠 수 있는 자세에서 숨은 멈춰져 있을 것이다. 이것은 골프 스윙에서도 마찬가지다.

숨을 들이쉬면서 테이크 백을 시작하며 숨이 멈춰진 곳에서 클럽을 들어올리는 동작을 멈춘다. 그곳이 자신의 힘을 100% 사용할 수 있는 톱 위치다. 테이크 백에서는 몸을 비틀면서 볼에 전달될 힘을 비축하는데 톱 위치에 따라 사용할 수 있는 힘의 정도가 다르다.

톱 위치가 일정해지면 클럽의 궤도가 일정해지고 칠 때마다 비거리가 달라지는 현상이 사라진다. 자신은 언제나 일정한 스윙을 하고 있다고 생각할지라도 칠 때마다 톱 위치가 달라진다면 좋은 스코어를 기대할 수 없다.

이 연습법의 또 다른 효과는 숨을 들이쉬면서 클럽을 천천히 들어올리기 때문에 톱 위치까지의 백 스윙의 템포를 터득할 수 있다는 점이다. 이 감각을 잊지 말고 실제 라운딩에서도 스윙을 하기 전에 톱 위치를 점검하면 비거리가 한층 더 일정해지고 스코어도 향상될 것이다.

클럽의 바닥을 든 채로 어드레스한다

클럽의 바닥을 매트에 닿지 않게 든 채로 자세를 잡은 후 무릎을 고정시킨 상태에서 손만으로 클럽을 휘두른다. 처음엔 평소보다 스윙 폭을 반으로 줄인 상태로 볼을 친다.

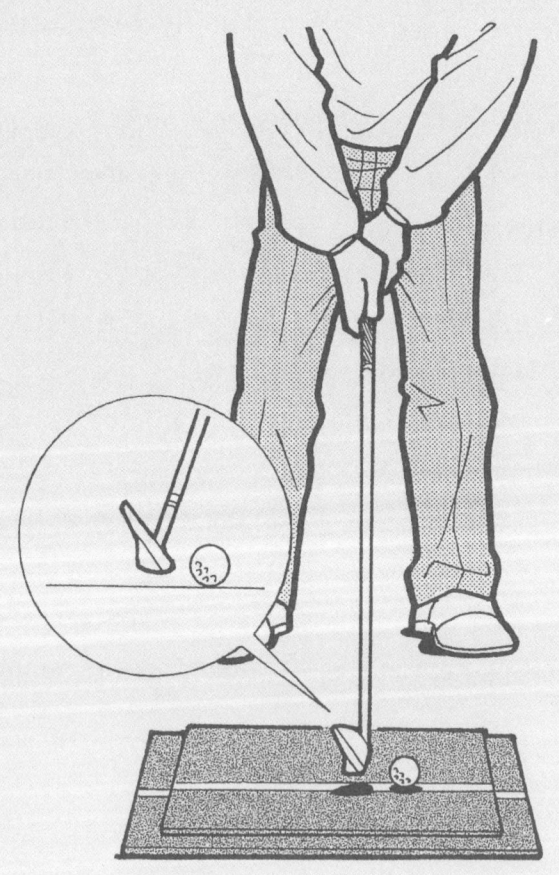

크로스 벙커에서 볼을 치는 법

크로스 벙커에서는 불안정한 스탠스를 극복해야 할 뿐 아니라 모래에 클럽이 닿지 않은 상태로 멀리까지 볼을 날려보내지 않으면 안된다. 그러기 위해서는 하반신을 사용하지 않은 채 볼을 치는 연습이 선행되어야 한다.

크로스 벙커나 페어웨이 벙커는 스탠스가 불안정하고 클럽의 바닥이 모래에 닿으면 안되기 때문에 어드레스 때부터 몸 전체가 불안정한 상태가 된다. 이러한 상황에서 아마추어 골퍼가 비거리를 내려고 클럽을 힘껏 휘두르면 스윙 축이 흔들려 미스 샷을 연발하게 된다.

스탠스가 불안정한 상태에서는 프로라도 미스 샷을 내는 경우가 더러 있다. 이런 경우 아마추어 골퍼는 자신을 잃고 다른 샷에도 악영향을 미쳐 급하게 클럽을 휘두른다든지 오른손을 많이 사용하는 등 여러 가지 실수를 범하게 된다. 스탠스가 불안정한 장소에서 정확한 샷을 구사하려면 경사지에서의 샷처럼 하반신을 안정시키는 것이 그 무엇보다도 중요하다. 클럽의 바닥을 매트에 대지 않은 상태에서 하반신을 고정한 채 손만으로 볼을 치는 연습을 하면 효과가 있다.

연습장에서는 처음엔 하프 스윙을 하는 기분으로 하반신을 고정한 상태에서 볼을 치는 감각을 익힌 다음 점점 스윙의 폭을 크게 하면서 연습을 한다.

그리고 크로스 벙커나 페어웨이 벙커에서는 비거리에도 신경을 써야 하기 때문에 연습의 마지막 단계에서는 풀 스윙을 한다. 이때는 당연히 무릎을 사용하게 되지만 의식적으로 무릎을 사용하지 않으려고 노력하는 것이 연습의 가장 중요한 포인트다.

초보자는 9번 아이언을 철저히 연습한다

골프 클럽 가운데 비교적 쉬운 클럽이 9번 아이언이다. 이 클럽 저 클럽
다 잘 치려고 욕심 내지 말고 9번 아이언 하나만 철저히 연습해도 클럽
에 대한 감을 터득할 수 있다.

아이언에 대한 감각

초심자가 9홀을 40대의 성적으로 라운딩하는 것은 아주 간단한 일이다. 연습장에서 9번 아이언 하나를 집중적으로 연습하면 클럽에 대한 감각을 익힐 수 있어 다른 클럽에도 자신감을 갖게 된다.

골프 연습장에 갈 때 실제로 코스에 나가는 것처럼 풀 세트를 들고 가는 사람을 자주 본다.

그런 사람은 대부분 먼저 드라이버를 꺼내 연습을 시작하는데 초심자가 드라이버를 자신 있게 휘두르기까지는 시간이 꽤 걸린다.

나는 코스에 나가지 않더라도 연습장에서 실력을 연마하는 방법으로 9번 아이언을 자유자재로 다룰 수 있을 때까지 철저히 연습할 것을 강력하게 권고한다. 그 이유는 9번 아이언이 다른 클럽에 비해 비교적 다루기가 쉽고 또 아이언에 대한 감각을 기르는 데는 안성맞춤이기 때문이다.

학생들이 공부할 때도 이 과목 저 과목 모두 좋은 점수를 따려고 욕심부리지 말고 한 과목이라도 집중적으로 파고드는 것이 효과적이라고 한다. 그 이유는 어느 한 과목에서 공부하는 법을 깨우치면 다른 과목에도 덩달아 자신감이 생겨 좋은 결과를 낳는다고 하는데 이 이론은 골프 연습에도 똑같이 적용된다.

골프의 매력이 호쾌한 드라이버 샷에 있다고들 하지만 사실 초심자가 라운딩을 망치는 최대의 요인은 드라이버 샷의 실패에 있다. 드라이버 샷에 자신감을 가지기 위해서는 9번 아이언부터 순서대로 스윙 폭을 키워가면서 클럽에 대한 감을 기르는 것이 최선이다.

3개월간 하나의 클럽만을 집중적으로 연습한다

한 번의 연습으로 모든 클럽을 마스터하려고 하면 반드시 무리가 따른다. 연습장에서는 하나의 클럽을 집중적으로 철저히 연습하는 것이 중요하다.

연습목적 **아이언에 대한 자신감**

골프에 대한 자신감은 자신 있는 클럽을 하나라도 더 늘리는 것에서
부터 시작된다. 그렇게 하기 위해서는 연습량의 70%를 아이언 클럽
하나를 연습하는 데 할애하는 것이 좋다.

나는 골프에 입문한 이래 지금까지 하루 연습량의 60%~70%는 클
럽 하나를 집중적으로 연습하는 데 할애한다. 왜냐하면 하나의 클럽
에 대한 자신감을 가지면 다른 클럽에도 좋은 영향을 미친다고 확신
하고 있기 때문이다.

이것저것 복잡하게 생각할 것이 아니라 오늘 연습의 주된 클럽이
이것이라고 정했다면 그 클럽만을 집중적으로 연습한다. 나의 경험
이나 레슨 결과로 미루어 볼 때 클럽 하나를 집중적으로 연습하는 기
간은 3~6개월 정도가 적당하다. 이 기간 동안 클럽 하나를 집중적으
로 연습하면 대체적으로 자신의 스윙이 어떠한지를 몸으로 느끼게
된다.

그 감각이 완전히 익숙해지면 다음에 연습할 클럽을 고른다. 그리
고 그 클럽도 똑같은 감각으로 스윙이 될 때까지 집중적으로 연습한
다. 이러한 연습을 통해 자신감이란 재산을 얻을 수 있으며 결과적으
로 스코어 향상에 직결된다. 모든 클럽을 자유자재로 다루고 싶은 마
음이야 이해하지만 그러한 욕심이 자신 있게 클럽을 휘두를 수 있는
감각을 익히는 데 장애가 된다는 것은 말할 필요도 없다.

예를 들어 5번 아이언이 연습의 주목적 아이언일 경우 7번 아이언
을 연습하는 것은 복습이라고 할 수 있다.

memo

LESSON · 4
어프로치 편

연습장에서는 깃대보다 앞쪽을 목표 지점으로 삼는다

연습장에서는 깃대보다 4~5미터 정도 앞에 볼을 떨어뜨리는 감각을 익힌다. 만약 깃대까지의 정확한 거리감으로 실제 라운딩에 임하면 그린을 오버하기 일쑤다.

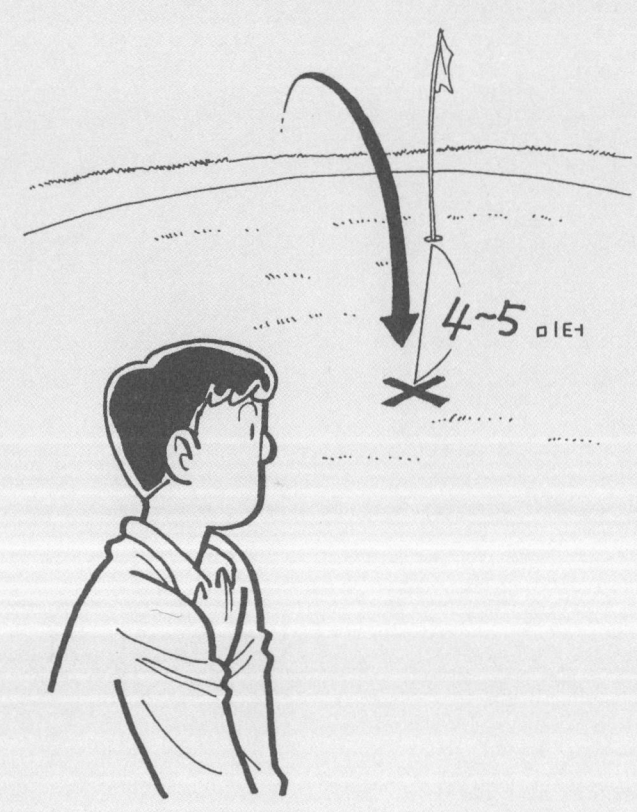

목표 설정

연습장의 잔디는 부드럽기 때문에 핀 근처에 볼을 떨어뜨리더라도 바로 정지하지만 실제 그린에서는 그린을 오버하게 된다. 그리고 대부분의 그린은 핀 앞쪽에서 공략하는 것이 수월한데 그린을 오버하면 어려운 퍼팅이나 어프로치가 남는다.

골프 연습장에서의 어프로치 연습에는 생각지 못한 함정이 도사리고 있는데 이 점을 간과한 채 연습을 하면 오히려 해가 되기 쉽다.

연습장의 볼은 실제 코스에서 사용하는 볼보다 잘 날아가지 않는다. 그리고 연습장에서 핀 근처에 볼을 떨어뜨려 바로 정지하는 감각을 지닌 채 실제 라운딩에 임하면 대부분 볼이 그린을 오버하기 십상이다. 또 연습장의 잔디는 코스의 잔디보다 부드럽기 때문에 연습장에서는 핀 근처에 볼이 낙하하더라도 곧바로 정지해버린다. 그러나 인공 잔디를 깔아놓은 연습장은 볼이 굴러가는 정도가 실제 코스에서 볼이 굴러가는 정도와 흡사하다.

연습장의 그린이 잔디일 경우 핀을 목표로 한 어프로치 연습은 그린을 오버하는 어프로치 연습을 하는 것과 동일하다. 이 함정에 빠지지 않기 위해서는 언제나 핀보다 4~5미터 앞에 볼을 떨어뜨리는 연습을 하기 바란다. 핀이 없는 연습장에서는 네트 근처의 타석에서 적당한 철기둥을 핀으로 간주하고 연습을 한다. 반복하지만 연습장에서의 연습은 가상 코스를 연상하면서 한 타 한 타를 침으로써 실전 감각을 몸에 익힐 수 있다. 단지 볼을 많이 친다고 해서 실전 감각이 익혀지는 것은 아니다.

5미터 앞에 둔 바구니에 볼을 넣는다

정원에서 5미터 또는 10미터 앞에 바구니를 놓고 볼을 집어넣는 연습을
반복한다. 그래서 이 정도 거리라면 언제나 자신 있을 정도의 스윙 감각
을 익힌다.

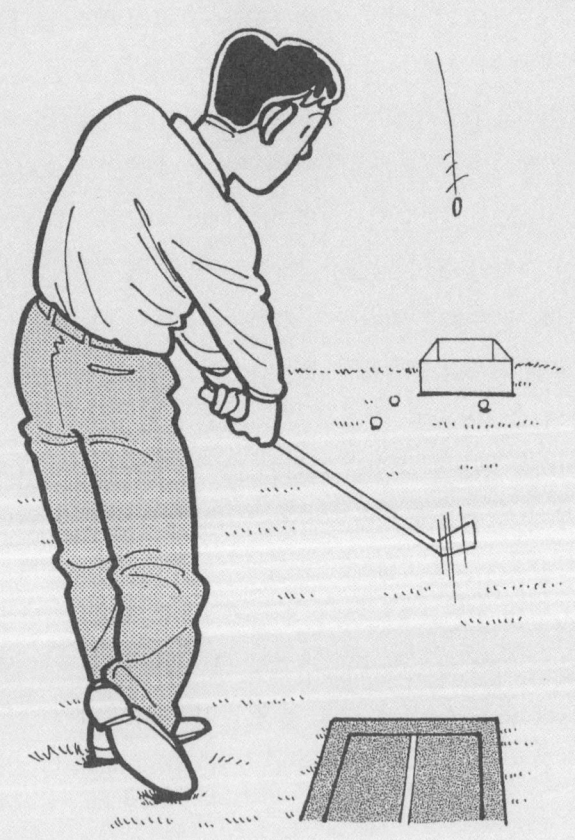

낙하 지점의 컨트롤

어프로치가 서투른 사람은 대부분 스윙을 빨리 가져간다. 스윙을 천천히 가져가는 버릇을 몸에 익히려면 볼을 떨어뜨리는 지점을 정확히 정한 후 연습하는 것이 중요하다.

좋은 스코어를 얻기 위해서는 어프로치의 거리감을 익히는 것이 중요하다. 가령 10미터 이내의 거리라면 한 번의 퍼팅으로 끝낼 수 있는 범위 내에 어프로치를 할 수 있는 기량을 가지는 것이 스코어를 줄이는 지름길이다.

낙하 지점을 자유자재로 컨트롤하는 연습은 목표 지점을 정확히 정한 후 그곳에 볼을 떨어뜨리는 연습을 해야 하는데, 정원에 바구니를 두고 5미터, 10미터 등 목표 지점을 정한 후 연습하는 것이 좋다. 막연히 그 부근에 떨어뜨리는 듯한 목표 설정으로 연습을 하면 아무리 연습량이 많더라도 어프로치의 거리감을 얻을 수 없다.

어프로치가 서투른 사람은 대부분 스윙을 빠르게 가져가거나 클럽 헤드를 쳐들게 된다. 목표점을 정한 후 어프로치를 하면 신기하게도 스윙의 타이밍이 천천히 변하며, 겨냥한 목표 지점을 향해 클럽 헤드를 던지는 듯한 느낌으로 스윙을 한다. 이 감각을 몸으로 익히면 스코어는 확실히 준다.

연습장에서는 바구니를 사용한 연습이 불가능하기 때문에 5미터, 10미터 앞에 무언가 목표가 될 만한 것을 발견한 후 그것을 목표 지점으로 삼아 연습한다. 이 연습을 하면 자신의 어프로치가 서툰 거리를 발견하는 부산물도 얻을 수 있으므로 서툰 거리를 중점적으로 연습하여 어프로치가 서툴다는 의식을 떨쳐버리기 바란다.

30야드, 60야드, 90야드를 구분하여 연습한다

피칭 웨지를 사용하여 30야드 거리의 어프로치를 몇 번 연습한 후 60야
드, 90야드 거리의 스윙 감각을 익힌다. 이 세 개의 거리를 확실하게 구
분하여 볼을 칠 수 있을 때까지 연습한다.

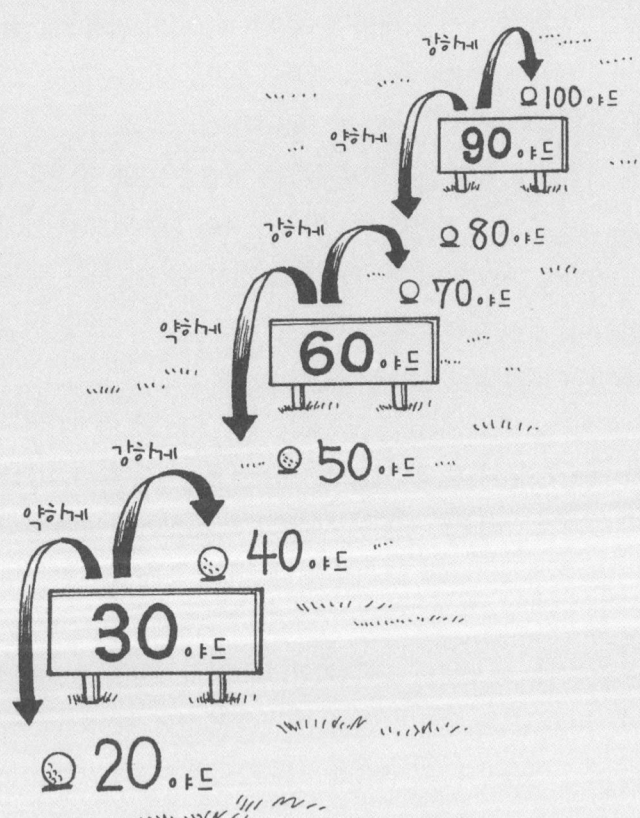

거리감 형성

어프로치는 감각적인 요소가 중요하다고 하지만, 피칭 웨지를 사용하여 자신만의 거리감을 형성하는 것이 어프로치를 잘 할 수 있는 지름길이다. 그리고 기본이 되는 거리를 몇 가지 몸에 익히면 다양한 응용이 가능하다.

나의 경험에 의하면 스코어 향상을 위해서는 피칭 웨지를 사용하여 30야드, 60야드, 90야드를 구분하여 세 개의 거리를 정확하게 칠 수 있도록 연습하는 것이 거리감을 형성하기에 안성맞춤인 연습법이다. 30야드의 거리감을 익히면 조금 큰 스윙 폭으로 강하게 스윙을 하는 것으로 40야드의 거리감을 익힐 수 있다. 반대로 스윙 폭을 좁게 가져가면서 약하게 스윙을 하면 20야드의 거리감을, 마찬가지로 60야드의 전후로 50야드, 70야드의 거리감을 익힐 수 있다. 마지막으로 90야드의 전후로 80야드, 100야드의 연습을 한다.

이 연습을 통해 피칭 웨지 하나로 20야드에서 100야드까지의 거리를 자유자재로 구분하여 칠 수 있다. 스윙 때의 터치, 필링과 같은 부분은 감에 의존하는 경향이 강하기 때문에 실전에서 이러한 것을 감안한 샷을 날리는 것은 쉬운 일이 아니다. 그러나 실전에서 한 번이라도 자신이 연마한 거리감과 샷의 결과가 같다면 그것으로 대만족이다. 내가 처음에 이야기한 결과에 연결되는 연습이란 바로 이런 것을 말하며 의도한 대로의 어프로치는 하루에 몇 번 정도 나오기 마련이다. 모든 어프로치를 성공시키려고 생각한다면 욕심이 너무 지나치다고 할 수 있다.

여느 때보다 긴 클럽을 짧게 잡고 스윙한다

9번 아이언의 거리라면 8번 아이언과 같이 보통 때보다 하나 긴 클럽을
2, 3센티미터 정도 짧게 잡고 스윙한다.

볼의 탄도를 낮게 가져가는 어프로치

바람이 강한 날의 어프로치는 낮은 볼을 구사하는 것이 필수 조건이다. 볼의 탄도가 낮은 어프로치를 하려면 하나 긴 클럽을 잡고 짧게 스윙을 가져간다.

기초편에서 설명하였지만 흔히 연습장 싱글이라고 불리는 사람은 연습장에서 멋진 샷을 날리지만 실제 코스에서는 왠지 모르게 샷이 엉망진창으로 변한다. 그 원인 중의 하나가 실전을 겨냥한 연습을 하지 않았기 때문이다.

코스에서는 바람도 불고 비도 내린다. 러프에는 깊은 풀이 도사리고 있다. 이러한 상황을 염두에 둔 연습을 평소에 하지 않으면 실전에서 좋은 스코어를 기대할 수 없다. 예를 들어 바람이 강한 날 어프로치를 하는 요령은 다음과 같다.

연습장에서 어프로치를 잘 하는 사람이더라도 바람이 강한 날 코스에서 연습장에서와 똑같은 클럽을 가지고 똑같은 스윙으로 어프로치를 하면 볼이 바람에 못 이겨 어느 쪽으로 날아갈지 모른다. 이러한 것을 극복하기 위한 연습으로 평상시보다 하나 긴 클럽을 골라 2, 3센티미터 정도 클럽을 짧게 잡고 스윙한다. 평소보다 하나 더 긴 클럽을 짧게 잡았기 때문에 비거리는 평상시와 별반 차이가 없지만 클럽의 로트가 적기 때문에 볼은 낮게 날아가 많이 굴러간다.

평소에 이러한 연습을 하면 바람이 강한 날의 어프로치 샷도 자신 있게 구사할 수 있다. 연습장에서 아무리 훌륭한 감각으로 어프로치 샷을 구사하더라도 실전에 전혀 도움이 되지 않는다면 무엇을 위한 연습인지 알 수 없다. 이러한 점을 염두에 두고 연습하기 바란다.

매트의 왼쪽 끝에 볼을 두고 클럽을 낮게 휘두른다

매트의 왼쪽 끝에 볼을 놓은 채 몸의 중심을 조금 왼쪽에 둔다. 클럽 헤드를 낮게 가져가면서 기분 좋게 클럽을 휘두르면 볼은 낙하 후 곧바로 정지한다.

피치 앤드 런의 기본

피치 앤드 런은 거리를 조절하는 것이 가장 어려운데, 이것은 임팩트 후의 피니시를 조절하는 것으로 가능하다. 백 스윙의 크기로 거리를 조절해서는 안된다.

그린 근처에서 제 3타가 벙커 너머의 어프로치 샷인 경우가 가끔씩 생긴다. 이러한 상황에서는 여차하면 실수를 하여 여태까지의 팽팽했던 긴장감이 순식간에 풀어져 버리는 경우를 많이 접한다. 그러나 볼을 높이 띄워서 곧장 정지시키는 것보다 굴리는 것이 홀 컵에 들어갈 확률이 높기 때문에, 벙커 너머로 볼이 낙하한 후 굴러갈 정도의 여유가 있는 그린이라면 피치 앤드 런을 구사해 보길 바란다.

피치 샷을 구사하여 벙커를 넘기는 방법도 있지만 피치 샷은 뒤땅을 치거나 벙커에 볼을 빠트리는 확률이 상대적으로 높다. 피치 앤드 런에서 중요한 포인트는 볼이 낙하한 후 굴러가는 정도를 정확하게 계산하는 것과 낙하점까지의 거리감을 파악하는 것이다.

나는 독자적인 방법으로 피치 앤드 런을 마스터하였는데, 그 비법은 폴로 스루의 크기로 낙하 지점까지의 거리를 정하는 것이다. 연습 방법은 왼발에 체중을 실은 채 매트의 앞부분을 사용한다. 실제로는 클럽이 매트를 건드리게 되지만 볼이 놓여 있는 뒤쪽의 매트를 건드리지 않겠다는 느낌으로 가능한 한 폴로를 낮게 가져가는 것이 정지하는 볼을 치는 비결이다. 낙하 지점까지의 거리는 클럽을 정지시키는 위치에 따라 정해지며, 낙하 지점까지의 비거리에 대한 감각은 사람마다 다 다르기 때문에 자신감을 가지고 반복적으로 연습하는 것이 가장 좋은 방법이다. 집중적으로 연습하기 바란다.

모포를 늘어놓은 후 그곳에 볼을 떨어뜨린다

벽이나 문 등에 모포를 걸쳐 놓은 후 1미터 정도 떨어진 곳에 매트 대용
으로 바닥에 라면 박스를 깐다. 언제나 모포의 일정한 부분에 볼이 날아
가도록 연습한다.

여러 클럽을 이용한 피치 앤드 런

여러 클럽을 사용함과 동시에 클럽 페이스의 로프트와 볼의 위치를 이리저리 바꿀 때마다 모포에 닿는 볼의 위치가 다르다는 것을 실감할 것이다. 실전에 대비하여 볼을 구분하여 칠 수 있도록 연습한다.

먼저, 같은 클럽으로 같은 스윙을 하였을 때 모포의 일정한 부분에 볼이 날아가도록 반복적으로 연습한다. 어프로치는 실전에서 연습을 하지 않으면 안된다고 생각하는 사람이 있지만 이것은 단지 변명에 불과하다. 연습은 여러 가지 궁리를 함으로써 필드에 나가지 않고도 충분히 할 수 있으며 연습만이 실력 향상의 주춧돌이라는 것을 알려 둔다.

피칭 웨지로 연습을 한 후 그 다음엔 9번 아이언, 8번 아이언식으로 클럽을 바꿔가면서 연습한다. 볼이 날아가서 맞는 장소가 다르고 날아갈 때의 볼의 탄도가 클럽에 따라 다르다는 것을 알게 될 것이다. 사실은 이러한 감각을 익히는 것이 아주 중요하다.

이런 사실을 터득했다면 다음엔 클럽의 로프트를 죽인다든지 높인다든지 아니면 볼의 위치를 바꾼다든지 하면서 연습하면 실제 코스에서와 동일한 감각으로 여러 가지 볼을 구분하여 칠 수 있는 법을 마스터할 수 있다. 이것은 꽤 고도의 연습에 속하지만 이 비법을 터득하게 되면 여러분의 골프는 상상할 수 없을 정도로 장족의 발전을 할 것이다.

그리고 사족이지만 실내에서의 연습은 좁고 주위에 여러 가지 물건이 놓여 있기 때문에 사전에 위험을 방지하고 물건을 손상시키는 일이 없도록 세심한 주의를 기울이기 바란다.

지면으로부터 클럽을 조금 든 채 어드레스를 한다

클럽을 잡았을 때 클럽 헤드의 무게를 느낄 수 있도록 지면에 클럽 헤드
를 늘어뜨리듯 클럽을 잡고 샷을 한다.

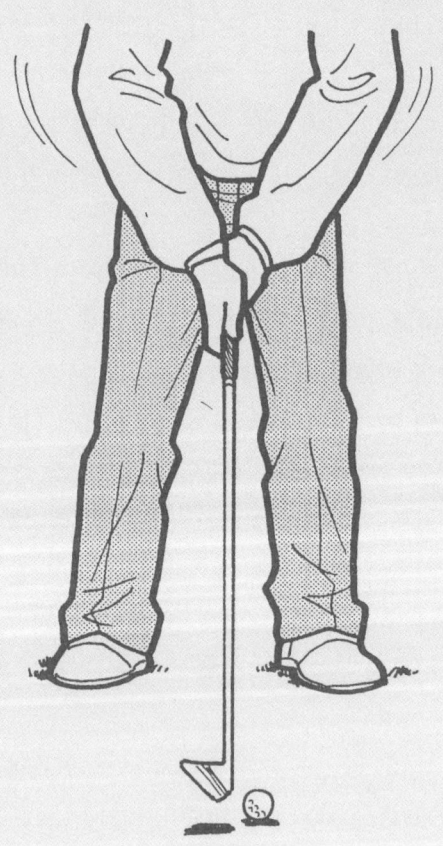

피치 샷의 기본

볼이 정지하는 샷을 구사하기 위해서는 헤드 스피드를 빠르게 하여 볼을 역회전시키지 않으면 안된다. 클럽의 바닥을 든 채 볼을 치면 양겨드랑이가 몸에 붙게 되어 팔과 손목을 유연하게 사용할 수 있다.

클럽의 바닥을 지면에 댄 채 어드레스를 하면 자신도 모르는 사이에 어깨와 팔에 힘이 들어가며, 이러한 상태로는 볼을 높게 날려 낙하와 동시에 정지하는 듯한 샷을 구사할 수 없다.

높은 탄도와 낙하와 동시에 곧바로 볼이 정지하는 샷을 구사하기 위해서는 클럽의 바닥을 조금 든 상태에서 자연스럽게 볼을 쳐야 한다. 클럽을 들게 되면 양겨드랑이가 유연해지며 자연스럽게 몸에 붙기 때문에 헤드를 늘어뜨린 듯한 느낌이 들며 클럽 헤드의 무게를 느낄 수 있다. 이런 감각을 익히면 어깨나 팔에 힘을 주고 싶어도 힘이 들어가지 않는다.

단순히 이런 식으로 어드레스를 취하는 것만으로도 팔과 손목을 유연하게 사용할 수 있으며 헤드 스피드가 빨라지므로 볼에 역회전을 거는 것이 가능하다. 대부분의 골퍼들이 피치 샷은 어려운 기술이라고 생각하기 쉽지만 클럽의 바닥을 지면에 대지 않은 채 어드레스를 하고 스윙하는 연습을 반복함으로써 반드시 정지하는 볼을 칠 수 있다.

정지하는 볼을 칠 수 있으면 그린의 핀을 직접 겨냥하는 것도 가능하므로 클럽의 바닥을 지면에 닿지 않게 하는 것만으로도 스코어를 줄일 수 있다.

매트 오른쪽에 볼을 놓은 상태에서 어프로치를 한다

볼을 매트 오른쪽에 둔 채 매트를 건드리지 않으면서 볼을 치는 연습을
한다. 매트를 건드리게 되면 몸이 상하 좌우로 움직였다는 증거다.

볼이 정지하는 피치 샷을 구사하는 법

피치 샷은 클럽의 바닥부터 볼 밑부분에 정확하게 집어넣는 것이 중요하다. 스윙 축이 일정하지 않으면 바닥부분을 볼 밑부분에 일정하게 집어넣는 것이 불가능하다.

벙커 너머에 그린이 있고 핀이 그린의 앞쪽에 위치할 경우 그린을 오버하게 되면 깊은 러프나 또 다른 벙커가 기다리고 있다. 이러한 상황에서는 피치 샷을 구사해 볼을 높게 띄우면서 그린에 바로 정지시키는 기술이 필요하다.

이렇게 말하면 아주 고도의 기술을 요하는 것처럼 들릴지 모르나 샌드 웨지의 바닥부분부터 볼의 밑부분에 집어넣는 것으로 간단히 의도한 샷을 구사할 수 있다. 이런 샷을 구사하기 위해 매트의 오른쪽 끝에 볼을 놓은 상태에서 어프로치를 하는 연습을 한다.

클럽의 바닥이 볼의 밑부분을 통과하기 위해서는 절대로 몸을 상하 좌우로 움직여서는 안되며, 특히 하반신을 필요 이상으로 움직여서는 안된다. 이 연습 도중에 만약 하반신과 무릎이 불안정하면 클럽 헤드가 매트를 건드리게 되므로 매트를 건드리지 않도록 상하의 움직임을 최대한 자제하는 연습을 하기 바란다. 이 연습에서 중요한 또 하나의 포인트는 코킹을 빨리 가져가고 톱의 위치를 크게 가져가는 것이다.

이러한 점에 유의하여 연습하면 헤드 스피드가 빨라지고 볼에 스핀이 걸려 낙하 후 곧바로 볼이 정지하는 피치 샷을 구사할 수 있다. 다음은 거리감의 문제인데 이것은 다른 어프로치와 마찬가지로 백스윙의 크기에 구애받지 말고 피니시의 크기로 거리감을 조절한다는 의식을 가지기 바란다.

1미터 앞에 방석을 세워두고 볼로 방석을 맞힌다

1미터 정도 떨어진 곳에서 벽에 세워둔 방석을 목표 지점으로 정한 후, 7번 아이언을 사용하여 볼을 친다. 이 연습에서 꼭 7번 아이언을 사용해야 할 필요는 없다.

간단한 러닝 어프로치

러닝 어프로치의 기본은 클럽 헤드를 낮게 가져가면서 볼을 치는 것이다. 폴로에서 헤드를 낮게 가져갈 수 있으면 볼이 낮게 날아가 목표인 방석에 맞는다.

이 연습은 어느 정도 숙달되기까지 뒤땅을 친다든지 볼의 윗부분을 친다든지 하여 생각보다 쉽지 않지만, 방석의 밑부분을 볼로 맞힐 수 있게 되면 클럽 헤드를 낮게 가져가는 러닝 어프로치의 기본을 감각적으로 익힐 수 있다.

목표물에 클럽 페이스를 낮게 가져가고 의도한 방향대로 볼이 날아가기 시작하면 방석에 맞은 볼이 타석까지 되돌아오는데, 볼이 되돌아오는 횟수가 많아지면 어느 정도 러닝 어프로치를 터득했다고 자부해도 좋다.

그린 근처에서 어프로치 샷을 실수하여 핀까지의 거리가 짧거나 그린을 오버하는 사람들이 많은데, 이러한 미스 샷을 없애고 안전하게 그린에 볼을 올려놓기 위해서는 러닝 어프로치 샷을 구사하는 것이 최적이다.

보통 7번 아이언을 사용하여 러닝 어프로치를 구사하지만 만약 7번 아이언보다 자신 있게 다룰 수 있는 아이언이 있다면 꼭 7번 아이언에 구애받을 필요는 없다. 가장 자신 있는 아이언으로 러닝 어프로치의 요령을 익히는 것이 스코어를 줄일 수 있는 지름길이다.

5번 아이언부터 8번 아이언을 사용하여 볼을 굴린다

러닝 어프로치를 7번이나 8번 아이언만 갖고 할 필요는 없다. 5번부터 8번 아이언을 갖고 연습하여 각각의 클럽에 따라 볼이 굴러가는 정도를 확인한다.

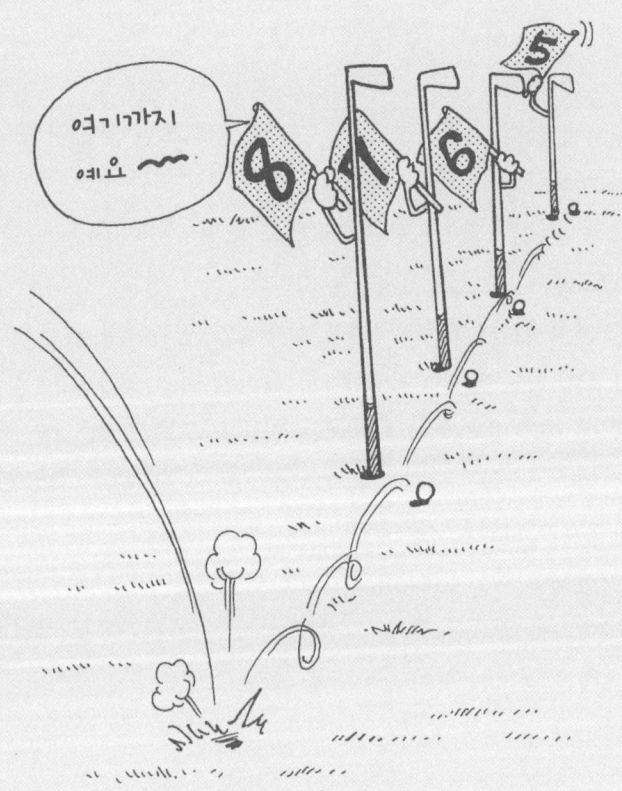

볼이 굴러가는 거리감을 익힌다

안전하고 확실한 러닝 어프로치를 구사했는데 볼이 핀 근처에 붙지 않는 것은 하나의 클럽으로 힘 조절을 하면서 어프로치 샷을 구사했기 때문이다. 그러므로 5번부터 8번까지의 아이언을 사용했을 때 볼의 구르는 정도를 파악해 둘 필요가 있다.

대부분의 골퍼는 러닝 어프로치용으로 7번 또는 8번 아이언 하나를 사용하는 경우가 많다. 그리고 핀까지의 거리를 힘의 강약에 의해 조절하는 경우가 많은데 이런 방법으로는 언제나 일정한 결과를 얻기 힘들다. 정확한 거리감을 익히기 위해서는 힘의 강약보다는 스윙 폭에 의지해야 볼을 컨트롤하기가 수월하다. 거리가 조금 못 미치거나 오버하여 핀 근처에 볼을 붙이지 못하는 원인은 힘의 강약으로 거리를 조절하기 때문이다.

힘의 강약보다는 클럽 고유의 특성에 따라 거리감을 조절하기 바란다. 5번부터 8번 아이언을 가지고 어프로치를 했을 때 볼의 낙하 지점이 모두 일정하도록 스윙을 하면, 낙하 지점은 동일하지만 클럽의 스윙 폭과 볼이 떨어진 후 굴러가는 정도는 아이언의 크기에 따라 제각기 다르다.

5번 아이언을 사용했을 때 볼이 가장 멀리 굴러가고, 그 다음이 6번, 7번, 8번 아이언식으로 볼이 굴러가는 거리는 점점 짧아진다. 이러한 거리감을 익히면 힘 조절만으로 어프로치를 했을 때의 미스를 방지할 수 있다. 어느 정도 익숙해지면 핀까지의 거리를 측정하여 거리에 맞는 클럽이 무엇인지 파악하는 것이 중요하다. 골프는 가능한 한 단순하게 생각하고 클럽의 특성을 잘 살리는 스윙을 하는 것이 중요하다. 클럽 하나로 힘 조절에 의해 거리를 조절한다면 러닝 어프로치가 성공할 확률이 그다지 높지 않다.

볼 뒤에 책을 두고 웨지를 사용하여 퍼팅한다

볼 뒤에 볼의 윗부분이 3분의 1정도 나오도록 책을 놓은 후 웨지로 볼의
윗부분을 쳐 볼이 어느 정도 굴러가는지 확인한다.

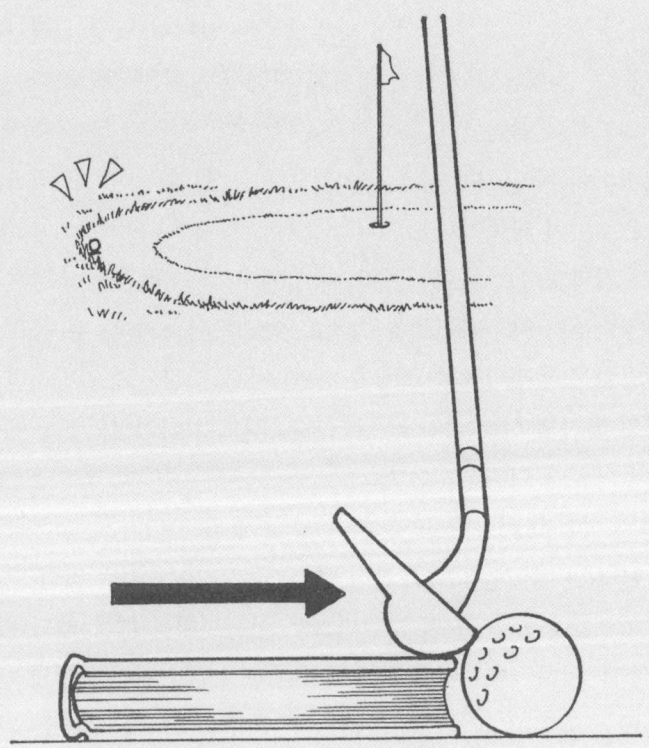

그린 가장자리에서의 어프로치

그린 가장자리에 있는 볼은 뒤쪽에 있는 잔디 때문에 볼의 3분의 1 정도만 보인다. 웨지를 이용하여 볼의 윗부분을 치는 것으로 퍼터와 같이 공을 굴리는 것이 가능하다.

톱 볼은 대부분의 골퍼가 싫어하지만 때에 따라서는 톱 볼이 나오도록 스윙을 해야 하는 상황에 접하게 된다.

예를 들어 그린 가장자리에 볼이 정지했을 경우 볼 뒤쪽에 잔디가 있어 볼이 3분의 1정도만 보이는 경우가 있다.

어프로치는 볼을 굴리는 것이 가장 쉽고 실수 또한 적기 때문에 이런 상황에서 퍼터를 사용하는 사람들이 많다. 그러나 볼의 후방에 있는 잔디가 퍼팅하는 데 방해가 되며 생각보다 거리가 안 나는 경우가 많다. 이런 상황에서는 웨지를 사용하여 볼의 윗부분을 톱 볼을 치는 방법으로 친다.

이 방법은 웨지 페이스면의 가장 아랫부분인 리딩 에지로 볼을 치기 때문에 잔디가 스윙에 전혀 방해되지 않으며, 연습에서는 볼 뒤에 둔 책을 건드리더라도 리딩 에지로 치기 때문에 볼이 굴러가는 데는 전혀 문제가 없다. 연습 후에는 실제로 코스에서 어느 정도 볼이 굴러가는지 확인하기 바란다.

거리감을 익히기 위해서는 백 스윙의 크기에 따라 볼이 어느 정도 굴러가는지 파악하면 된다.

실제로 치는 볼 뒤에 볼을 하나 더 둔다

매트 위에 실제로 칠 볼과 그 볼의 15센티미터 뒤에 볼을 하나 더 둔 후,
뒤쪽 볼을 건드리지 않고 앞의 볼을 친다.

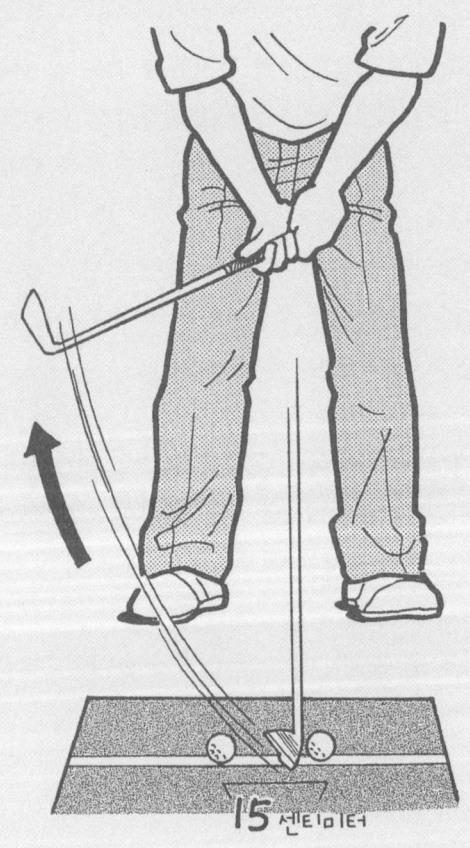

15센티미터

벙커 샷의 기본

벙커 샷의 요령은 처음부터 몸의 왼쪽에 체중을 실은 후, 체중 이동을 하지 않은 채 손만으로 볼을 치는 감각으로 샷을 하는 것이다. 뒤쪽에 둔 볼을 건드리면 스윙 도중에 체중 이동을 했다는 증거다.

벙커 샷을 연습할 수 있는 연습장이 주위에 별로 없는 탓인지 벙커 공포증에 걸린 골퍼가 많다. 그러나 벙커 샷이 뒤땅이나 볼의 윗부분을 치게 되는 원인은 스윙 도중에 불필요하게 체중 이동을 하기 때문이다. 이러한 스윙 자세를 교정하기 위해서는 벙커가 아니더라도 충분히 연습할 수 있다.

벙커 샷의 요령은 백 스윙을 할 때 오른쪽으로 체중 이동을 하지 않고 처음부터 끝까지 체중을 왼발에 두는 것이다. 이 상태에서 하반신을 고정한 채 손만으로 치는 듯한 감각으로 샷을 구사하면 볼의 윗부분이나 뒤땅을 치는 샷이 줄어든다. 벙커 샷에서 가장 중요한 것은 스윙 궤도를 몸 바깥쪽에서 안쪽으로 가져가는 소위 아웃 사이드 인 궤도로 볼을 치는 감각이다. 벙커 공포증에 걸린 사람은 보통의 샷과 마찬가지로 몸 오른쪽으로 체중을 이동하려고 하기 때문에 클럽이 안쪽에서 내려오게 되어 클럽 헤드가 볼 앞의 모래 안으로 잘 들어가지 않게 된다.

벙커 샷은 누구든 간단히 마스터할 수 있다. 볼을 2개 놓은 후 뒤쪽에 둔 볼을 건드리지 않도록 클럽을 오른쪽으로 들어올린다. 이 동작이 익숙해지면 벙커 샷의 80퍼센트 정도를 터득한 것이나 다름없다. 나머지 20퍼센트는 앞쪽의 볼만 치는 것인데 이것은 체중 이동을 하지 않은 상태에서 손만으로 스윙을 하는 것으로 간단히 달성할 수 있다. 오른쪽 허벅지 안에서 코킹을 마치는 것도 중요하다.

모래를 1센티미터 쌓아 올려 그 위에 볼을 놓는다

볼록하게 모아 올린 모래와 볼 사이에 클럽 헤드의 바닥을 집어넣으려면
하반신을 고정한 채 볼과 모래 사이를 잘 보고 스윙을 해야 한다.

벙커 샷의 감각

벙커 샷이 서투른 사람은 쌓아 올린 모래 위에 볼을 놓은 상태에서 볼을 잘 치지 못한다. 볼과 모래 사이에 클럽 헤드를 어떻게 넣으면 되는가에 대한 감각을 익힌다.

모래로 티업을 한 상태에서 클럽 헤드가 볼에서 조금 멀리 떨어진 곳에서부터 들어가면 당연히 모래만 치게 된다. 그렇다고 볼과 가까운 곳에 클럽 헤드가 들어가면 헤드에 볼이 닿아 홈런이 나온다. 이러한 미스 샷은 수북이 쌓아 올린 모래의 어느 부분을 치는가에 따라 체험할 수 있다. 이 연습은 벙커 샷의 감각을 익히는 것이 가능하기 때문에 미스 샷을 방지하는 효과가 있다.

하반신을 움직여 클럽 헤드를 올려치는 듯한 스윙을 절대로 하지 말고 오로지 볼과 모래만을 잘 보고 그 사이에 클럽 페이스가 들어가도록 연습한다. 벙커 시설이 있는 연습장이 그리 많지 않기 때문에 라운딩하기 전에 골프장의 벙커 연습장에서 이 연습을 하기 바란다. 그리고 클럽 헤드가 잘 들어갔을 때의 감각을 익힌 후 실제 벙커 샷에서 확인하기 바란다.

프로는 벙커가 그린의 일부라고 생각하는데 이러한 감각을 익히면 그린의 일부라는 자신감까지는 생기지 않더라도 한 번의 샷으로 벙커에서 탈출할 수 있다는 자신감을 가질 수 있기 때문에 골프가 한층 더 재미있게 느껴질 것이다.

클럽 페이스 위에 모래를 올린 채 클럽을 휘두른다

샌드 웨지의 페이스에 모래를 올린 후 모래가 떨어지지 않도록 천천히
백 스윙을 한다.

부드러운 모래 벙커 샷

부드러워 보이는 모래는 예상 밖으로 저항력이 강하다. 이 저항력에 지지 않기 위해서는 클럽 페이스를 연 상태에서 볼의 밑을 클럽 헤드가 얇게 빠져나가는 듯한 샷을 구사해야 한다.

벙커 안에 들어갔을 때 신발에 모래가 덮일 정도로 부드러운 벙커는 내심 한 번의 샷으로 간단히 벙커에서 탈출할 수 있을 것 같은 느낌이 들지만, 의외로 이러한 부드러운 모래에는 함정이 도사리고 있다.

보통의 벙커에서와 같은 기분으로 스윙을 하면 모래 먼지만 날릴 뿐 볼은 벙커에서 쉽사리 빠져나오지 않는다. 왜냐하면 부드러운 모래의 벙커에서 여느 때와 같이 벙커 샷을 구사하면 클럽이 모래 속으로 깊게 들어가 버리기 때문이다.

부드러운 모래는 저항력이 강하기 때문에 보통 벙커 샷의 3배 정도 거리에 볼을 날리는 듯한 스윙으로 모래를 얇게 쳐야 한다.

부드러운 모래의 벙커 샷은 클럽의 페이스를 열고 볼의 밑을 얇게 빠져나가는 듯이 스윙을 하는 것이 포인트다. 이러한 기술을 익히려면 샌드 웨지의 페이스에 모래를 올린 후 스윙을 하는 연습이 필요하다. 페이스를 연 상태에서 낮고 길게 클럽을 들어올리면 모래는 좀처럼 떨어지지 않는다. 이 감각을 먼저 익히기 바란다.

샷은 클럽의 바닥부터 빠져나간다. 과감하게 오픈 스탠스를 취하고 큰 백 스윙과 피니시를 가져가는 것을 잊지 말아야 한다.

클럽 페이스에 올린 모래가 바로 떨어지도록 클럽을 들어올린다

딱딱한 모래의 벙커 샷은 부드러운 모래와는 반대로 클럽 페이스에 올린
모래가 바로 떨어지듯이 예각으로 클럽을 휘둘러야 한다.

딱딱한 모래의 벙커 샷

딱딱한 모래의 벙커 샷은 클럽 페이스를 예각으로 들어올려 클럽을
수직으로 내려 볼을 치는 듯한 샷을 구사하지 않으면 볼은 좀처럼
벙커에서 빠져나오지 않는다.

같은 벙커라도 큰 벙커와 작은 벙커, 깊은 벙커와 얕은 벙커 등 실
로 여러 종류의 벙커가 있다. 놓여진 상황에 따라서 스윙하는 법을
달리하는 궁리를 해야 하지만, 그중에서도 주의를 기울여야 하는 사
항이 모래가 부드러운가 딱딱한가를 파악하는 것이다.

딱딱한 모래의 벙커에서는 당연히 앞장에서 설명한 부드러운 모래
의 벙커 샷과는 정반대의 스윙을 해야 한다. 부드러운 모래의 벙커에
서는 클럽 페이스를 열고 페이스가 볼의 밑을 얇게 지나가는 듯한 샷
을 구사해야 한다. 반대로 딱딱한 모래의 벙커 샷은 클럽을 예각으로
들어올린 후 예각으로 클럽을 내리지 않으면 벙커에서 볼은 쉽게 빠
져나오지 않는다.

그러므로 클럽 페이스를 열지 않은 채 페이스에 올린 모래가 바로
떨어지도록 클럽을 들어올릴 필요가 있다. 테이크 백을 했을 때 언제
까지나 모래가 페이스에 남아 있다면 클럽을 들어올리는 각도가 낮
다는 증거다. 이러한 백 스윙으로는 딱딱한 모래의 벙커에서 볼이 빠
져나오기보다는 홈런성 볼이 날 가능성이 높다. 부드러운 모래, 딱딱
한 모래의 벙커, 게다가 모래 속으로 볼이 움푹 들어간 경우를 대비
한 스윙을 마스터한다면 더 이상 벙커 샷이 두렵지 않을 것이다.

딱딱한 모래의 벙커에서는 바운스가 얇은 피칭 웨지를 사용하는
것도 하나의 방법이다.

벙커 샷을 한 직후에 클럽을 잡아당기는 동작을 더한다

볼이 모래 속에 들어간 상태에서의 샷은 모래에 파괴력를 더 가해야 하기 때문에 샷을 한 직후에 클럽을 잡아당기는 동작을 더할 필요가 있다.

모래 속에 잠긴 볼의 벙커 샷

벙커 샷의 기본은 손만을 이용하여 볼 앞의 모래를 치는 것이지만, 모래 속에 잠긴 볼의 경우는 클럽 헤드를 이용하여 모래를 친 후 보다 큰 파괴력을 볼에 전달하지 않으면 안된다.

볼이 반쯤 모래 속에 잠겨 있는 벙커에서 보통 때와 같은 벙커 샷으로 클럽을 휘두르면 힘이 부족하여 볼이 벙커에서 빠져나오지 않는다. 헤드가 모래의 저항에 지지 않고 볼의 밑부분부터 힘 좋게 치는 스윙을 연습해야 한다.

볼이 반쯤 숨어 있는 경우 힘만으로 치는 것은 오히려 역효과를 내기 쉽다. 그리고 볼의 윗부분부터 치면서 클럽 헤드를 모래 속으로 깊게 집어넣은 것만으로는 효과가 없다.

볼이 반쯤 모래 속에 숨어 있는 상황에서는 한 번의 벙커 샷으로 볼을 핀 근처에 떨어뜨리겠다는 생각보다 우선 볼을 벙커 밖으로 탈출시킨다는 생각을 하는 것이 중요하다. 볼을 벙커 밖으로 탈출시키기 위해서는 모래의 파괴력을 여느 때보다 몇 배 더 증가시켜야 한다. 여기서 필요한 것이 클럽 헤드를 당기는 동작인데, 볼의 뒷부분만을 친다는 일념으로 모래 속에 클럽 헤드가 들어가는 순간 클럽을 곧장 뒤로 잡아당겨야 한다. 그러면 샤프트의 성질상 모래에 힘을 더 가하는 것이 가능하기 때문에 모래의 무서운 파괴력을 이용하여 볼을 벙커에서 탈출시키는 것이 가능하다. 요약하면 클럽 페이스를 열지 않은 채 조금 덮은 듯한 기분으로 샷을 시작하여 클럽 헤드가 모래 속에 들어가는 순간 클럽을 뒤로 잡아당긴다. 이 감각을 익히면 실전에 많은 도움이 된다.

memo

LESSON • 5

퍼트 편

목표 지점보다 볼 하나 정도 앞쪽에 볼을 정지시킨다

실전에서 퍼팅의 방향 감각이 갑자기 난조를 보이는 경우는 드물다. 따라서 거리 감각을 익히면 스코어를 많이 줄일 수 있다.

거리감을 익히는 법

목표보다 볼 하나 정도 앞에 볼을 정지시킨다는 기분으로 퍼팅을 하면, 테이크 백 할 때의 퍼터 헤드의 스피드가 빨라지지 않으며 임팩트 순간에 힘 조절에 의해 거리를 조절하려는 버릇이 없어진다.

퍼팅의 거리감을 익히기 위해서는 실전 경험을 많이 쌓는 것 이외에 좋은 방법이 없다고 생각하는 골퍼가 많다. 그러나 실전에서의 퍼팅은 거리 감각보다는 방향 감각을 익히는 연습으로 변하기 십상이며, 방향 감각은 굳이 실전이 아니더라도 익힐 수 있다. 퍼팅의 거리 감각을 익히면 볼을 홀 안에 한 번에 넣는다든지 홀 컵 근처까지 가져갈 확률이 높아진다.

퍼팅의 거리감을 익히기 위해 프로 골퍼들은 목표보다 볼 하나 정도 앞에 볼을 정지시키는 연습을 집중적으로 한다. 볼을 홀 앞에서 정지시키고자 하면 필연적으로 퍼터 헤드를 오른쪽으로 가져갈 때의 스피드가 느려지며, 또 임팩트 순간의 힘 조절에 의해 거리를 조절하고자 하는 의식이 사라진다. 숨을 멈추고 20회 정도 이 연습을 반복하면 꽤 피곤하지만 퍼팅의 집중력을 쌓기 위한 좋은 연습 방법이라고 할 수 있다.

그리고 이 연습을 터득하면 실전에서 빠른 내리막 라인의 퍼팅에도 효과가 있다.

스타트 전의 연습 그린에서 홀 컵까지의 거리를 5미터 정도로 한 후 이 연습을 몇 번 하면 라운드 당일의 거리 감각을 쉽게 잡을 수 있으며 그린의 빠르기도 파악할 수 있다.

양손을 분리한 채로 그립을 잡고 퍼팅한다

스타트 선에 그린에서 양손을 붙이지 않은 채 대여섯 번 정도의 롱 퍼팅을 시도하여 그날의 어드레스 방향을 파악한다.

롱 퍼팅 할 때의 어드레스

양손을 분리한 채로 그립을 잡으면 퍼트를 지지하는 지점이 두 곳으로 분산되기 때문에 어드레스한 대로 클럽이 움직인다. 이 방법으로 라운딩 당일 자신의 어드레스 상태를 점검한다.

롱 퍼팅에서 거리감이 가장 중요한 사항이라지만 때에 따라서는 퍼팅의 방향성이 흔들리기도 한다. 이럴 때 대부분 자신의 어드레스에 문제가 있다고 생각한다. 하지만 플레이 도중에 퍼팅의 방향성을 조정하는 것은 거의 불가능한 일이기 때문에 라운딩 내내 자신감을 잃은 채 퍼팅을 계속하기 마련이다. 이러한 상황에 대비하여 스타트 전의 연습 그린에서 다음과 같은 확인 작업을 한다. 오른손과 왼손을 붙이지 않은 채 그립을 잡고 대여섯 번 정도 볼을 홀 컵 쪽으로 쳐본다. 만약 겨냥한 대로 볼이 굴러가면 그날의 롱 퍼팅에 있어서의 방향성은 만점이다. 그러나 대개 이런 식으로 퍼터를 잡고 퍼팅을 하였을 때 볼이 목표 지점으로 곧장 굴러가는 경우는 드물며, 대부분의 골퍼들은 전혀 엉뚱한 방향으로 볼이 굴러가는 것을 목격한다.

만약 볼이 목표 지점보다 오른쪽으로 굴러가면 어드레스가 오른쪽을 향하고 있고, 다리, 허리, 어깨 모두가 오른쪽을 향하고 있다는 증거다. 이 경우 어드레스의 방향을 조금씩 왼쪽으로 바꾸면서 퍼팅을 하여 볼이 목표 지점 쪽으로 곧장 굴러가는 그날의 자신의 어드레스를 찾는다. 다소 몸이 오른쪽이나 왼쪽을 향하고 있더라도 손목을 요령껏 사용하여 볼이 굴러가는 방향을 조절하는 골퍼가 많으나, 이 경우 자신의 어드레스가 올바른지 파악하기가 힘들다. 그러므로 그립 지점을 두 곳으로 분리한 상태에서 퍼팅을 하여 라운딩 당일의 어드레스 상태를 파악하기 바란다.

양어깨와 양팔로 홈베이스를 만든다

퍼터를 들어 양팔꿈치를 굽힌 자세를 정면에서 보았을 때 양어깨와 양팔
이 야구의 홈베이스와 같은 오각형이 되도록 한다.

기본 자세를 만드는 법

아무리 퍼팅 자세에 정석이 없다고 해도 초심자는 먼저 퍼팅의 기본 자세를 정확하게 익혀야 한다. 중요한 포인트는 양어깨와 양팔꿈치가 만드는 오각형이다.

퍼터 이외의 13개의 클럽은 열심히 연습하는 반면 퍼팅 연습은 스타트 전의 연습 그린에서 잠시 하는 것으로 끝내는 사람이 많은데 먼저 그러한 마음가짐부터 고칠 필요가 있다.

퍼팅 자세에 정석이 없다라는 말이 있지만 이 말은 퍼팅에 천부적인 재능이 있거나 어느 정도 기량을 가진 사람을 위한 말이지 초보자나 퍼팅이 서투른 사람에게 해당되는 말이 아니다.

초보자나 퍼팅에 서투른 사람은 먼저 퍼팅의 기본 자세를 익혀야만 빠른 실력 향상을 기대할 수 있다.

기본 자세를 만드는 중요한 포인트는 먼저 몸의 중앙 즉 양눈 바로 밑에 볼을 둔다. 그리고 볼과 양발 사이의 거리는 볼 바로 위에서 자신의 팔이 가장 움직이기 쉬운 정도가 적합하다. 그립은 양손 모두 조금 연 듯한 상태로 잡는다(좌우대칭이 되도록).

그리고 그 상태에서 퍼터를 지면에서 들어올려 양팔꿈치를 굽힌 자세를 정면에서 보았을 때 양어깨의 선과 양팔이 야구의 홈베이스와 같은 오각형이 되어야 한다. 비구선 후방에서 보았을 때 양손의 위치가 턱 밑에 오면 좋다.

책 두 권을 팔자 모양으로 놓아두고 퍼팅을 한다

자신 있는 퍼팅을 하지 못하여 언제나 거리가 짧은 사람. 그렇다고 무리
해서 조금 강하게 치면 크게 오버하는 사람. 이러한 고민을 해소하기 위
한 방법이다.

짧은 퍼팅의 교정

책 두 권을 팔자 모양으로 놓아둔 채 그 중앙을 겨냥하여 강하게 퍼팅하는 연습을 반복하면 코스에서 홀 컵 앞에 볼이 멈춰 버리는 것에서 해방될 것이다.

'짧은 퍼팅은 영원히 들어가지 않는다', '네버 업 네버 인' 골퍼라면 누구라도 알고 있는 기본 상식이지만 왠지 모르게 자신 있게 퍼팅을 구사하지 못한 채 홀 컵 앞에서 볼이 멈추어 버리는 경우가 많다. 이러한 상황은 특히 '들어가면 우승' 등 극도로 긴장한 상태에서 자주 나타나지만, 만성적으로 이러한 현상이 일어난다면 큰 문제다. 다음 그린에서, 그 다음 그린에서 식으로 반복적으로 발병하기 때문이다. 겨냥한 라인대로 볼이 굴러가고 헤드의 궤도도 올바른데 홀 컵 앞에서 볼이 정지하는 퍼팅의 대부분은 퍼팅의 기술적인 요인보다 심리적인 요인에 그 원인이 있다.

이러한 고민을 해결하기 위한 연습법으로 책 두 권을 팔자 모양으로 놓아두고 중앙을 향해 퍼팅을 한다. 볼과 책 사이의 거리를 너무 길게 잡을 필요는 없으며 시각적으로 심리적으로 중앙을 겨냥하기 쉬울 정도의 거리로 충분하다. 클럽 헤드가 자연히 책 중앙으로 향하여 움직이면 합격이다. 볼을 치는 강도는 책 가장자리에 맞아 조금 튀어나오는 정도로 한다. 이 강도가 실전에서 볼이 홀 컵 반대쪽에 맞아 홀 컵 안으로 떨어지는 정도다.

힘이 들 정도로 턱을 당긴 채 어드레스를 한다

턱을 당긴 채 어드레스를 하면 등골과 목이 일직선으로 되어 동일한 어
드레스를 취할 수 있기 때문에 처음에 파악한 라인대로 라인이 보인다.

어떠한 상황에서도 턱을 당긴 상태에서 퍼팅 연습을 하는 것이 중요
하다. 이 방법은 라인을 언제나 똑바로 볼 수 있는 어드레스와 연관
이 있다.

라인 자체는 바르게 읽었다 하더라도 어드레스를 취하는 순간, 다
른 라인을 향해 볼을 치는 사람이 많다. 왜 그럴까. 대체적으로 이런
사람은 어드레스를 취할 때 턱을 들면서 상체를 올리고 라인을 확인
하던가, 아니면 라인이 잘 안 보인다는 이유로 체중을 발뒤꿈치에 너
무 많이 실었기 때문이다. 그리고 이렇게 볼이 잘 들어가지 않으면
무의식중에 상체가 왼쪽으로 치우쳐져 오른쪽 어깨가 앞으로 나오게
된다.

이러한 미스를 방지하기 위해서는 퍼팅 연습을 할 때 힘이 들 정도
로 턱을 당기기를 바란다. 그리고 이 자세로 언제나 동일하게 라인을
볼 수 있는 습관을 기른다.

힘이 들 정도로 턱을 당긴 채 어드레스를 취하면 등골과 목이 일직
선이 된다. 동일한 어드레스를 취하면 그때 양눈과 목표 라인이 평행
이 된다. 그 자세에서 상체를 고정한 채 머리만 목표 방향으로 기울
여 홀 컵과 홀 컵까지의 라인을 확인한다면 오른쪽 어깨가 앞으로 나
오지 않는다. 그리고 팔의 움직임도 자연스럽게 되어 읽은 라인이 흐
트러지지 않는다. 그런 후 읽은 라인 방향에 헤드를 놓고 볼을 굴리
면 된다.

500원짜리 동전을 '쨍'하고 친다

볼 대신에 동전을 치는 것으로 퍼팅 거리가 짧아지지 않는 감을 익힐 수 있다.

연습목적 살아 있는 볼을 치는 법

볼에 퍼터 헤드가 정확하게 맞으면 좋은 소리가 나고 헤드가 평행으로 움직여 볼의 밑부분을 치게 된다. 이런 식으로 퍼팅을 하면 거리가 짧은 경우가 거의 없다.

'홀 컵에 꼭 넣고 말겠다'는 일념으로 퍼팅을 한다. 그러나 볼은 무정하게도 홀 컵 앞에서 멈추어 버린다. '나이스 인'이라는 동료의 목소리가 들리는 순간 볼이 오른쪽으로 꺾여 버린다.

'오늘은 운이 따르질 않네. 볼이 한 번만 더 굴렀으면. 아, 아깝다. 예전엔 이러지 않는데…' 자신의 퍼팅 기술에 문제가 있다는 점을 전혀 깨닫지 못하고 있다.

언제나 이러한 '아까운 퍼팅'을 반복하고 있는 골퍼는 언제나 한 번만 더 볼이 굴러주면 홀 안에 들어가는 그러한 퍼팅을 하고 있으리라 생각된다. 같은 실패를 몇 번씩이나 반복하는 것은 아까운 것이 아니라 단순히 퍼팅 기술에 문제가 있는 것이라고 생각한다.

이러한 짧은 퍼팅을 교정하기 위한 연습 방법이 볼 대신에 500원짜리 동전을 치는 연습이다. 위에서 보면 동전도 볼과 마찬가지로 원으로 보인다.

즉 퍼팅의 거리가 언제나 짧다는 것은 퍼터 헤드의 움직이는 폭에 비해 볼의 활력이 죽었기 때문이다. 팔의 움직이는 반경이 홀 컵까지의 거리와 맞다고 하더라도 볼에 활력이 없으면 마지막 한 번 더 구르는 단계에서 볼이 멈추는 경우가 허다하다. 그 원인은 볼의 윗부분을 치기 때문이며, 살아 있는 볼을 치기 위해서는 볼의 밑부분을 친다는 감각으로 볼을 쳐야 한다. 이것이 가능해지면 홀 컵 직전에서 볼이 멈추는 경우가 사라진다.

담뱃갑 크기의 나뭇조각을 친다

스스로는 볼을 똑바로 굴리고 있다고 생각하더라도 오른쪽 방향으로 볼을 굴리는 사람, 또 그 반대로 볼을 굴리는 사람이 많이 있다. 자신의 구질을 파악하도록 한다.

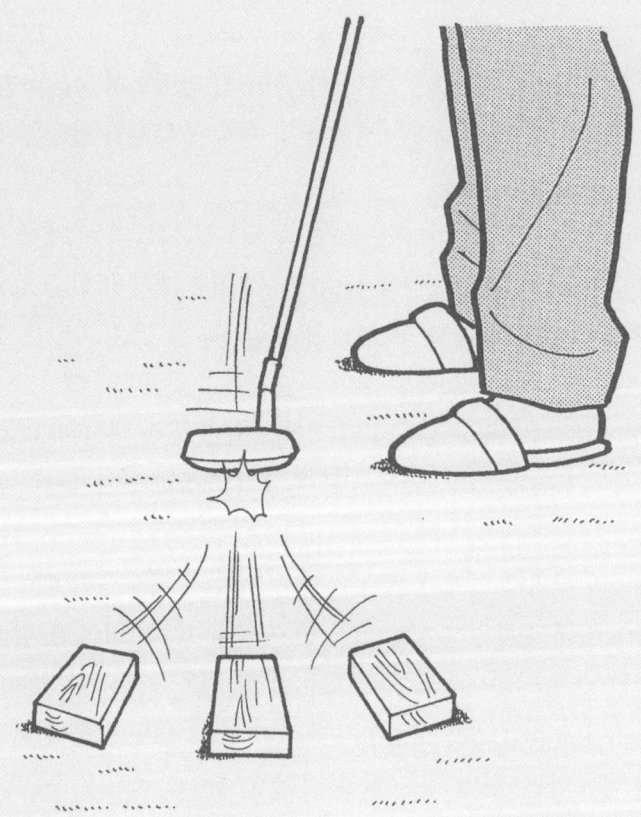

연습목적 **퍼팅 버릇을 파악한다**

자신의 퍼팅 버릇을 파악하기 위해 담뱃갑 정도의 나뭇조각을 볼 대신 사용하여 퍼팅을 한다. 나뭇조각이 어느 쪽으로 이동하는가를 보면 자신의 구질을 파악할 수 있다.

골퍼는 제각기 다른 구질을 가지고 있다. 드로 볼이 구질인 사람, 그 반대로 페이드 볼이 구질인 사람 등이 있으며, 당연히 볼의 구질에 따라 홀의 공략법도 달라진다.

마찬가지로 퍼팅도 구질에 따라 볼의 회전이 달라진다. 슬라이스성 볼을 잘 굴리는 사람 또는 훅성 볼을 잘 굴리는 사람이 있으며, 그린 상에서 제각기 공략법이 달라진다.

이러한 자신의 구질을 파악하는 것이 중요하며 슬라이스성 볼이나 훅성 볼을 스트레이트성 볼로 꼭 고쳐야 할 필요는 없다.

이러한 자신의 구질을 알기 위한 방법이 담뱃갑 정도의 나뭇조각을 볼 대신 치는 것이다. 나뭇조각이 곧바로 굴러가듯이 평행으로 이동하면 볼이 이상적인 스트레이트 회전을 하고 있다는 증거다. 나뭇조각이 오른쪽으로 굴러가면 실전에서도 오른쪽으로 회전하는 볼이 되어 슬라이스가 나기 쉽고, 왼쪽으로 나뭇조각이 굴러가면 실제 볼이 좌회전을 하여 훅이 나기 쉽다. 자신의 볼 회전을 알고 있으면 실전에서 꼭 넣어야 할 퍼팅을 구사할 때 실력을 발휘할 수 있다.

머리를 들지 않은 상태에서 왼쪽 눈만으로 볼을 쫓는다

1~2미터의 짧은 퍼팅은 볼을 친 후 몸을 움직이지 않은 상태에서 왼쪽 눈만으로 볼의 행방을 쫓는 버릇을 기른다.

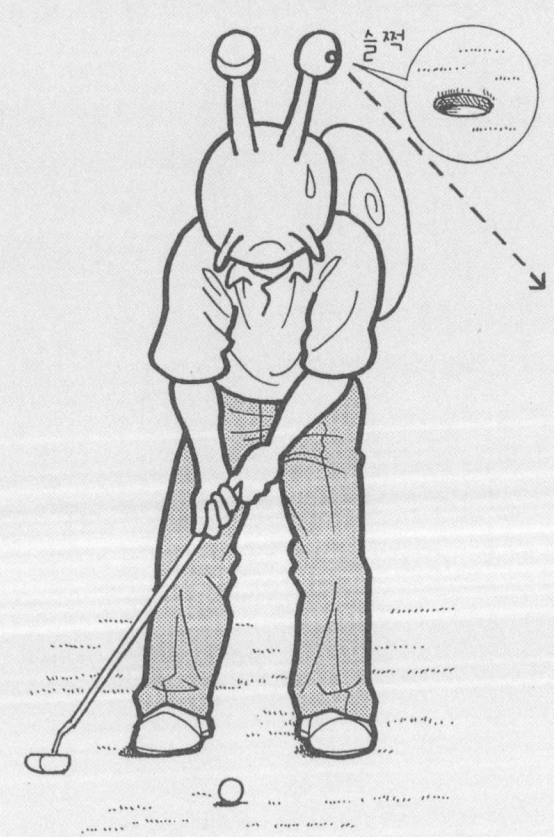

짧은 거리의 퍼팅의 확실성

'볼을 친 후에는 상관 없다' 라는 기분으로 퍼팅을 하면 들어갈 퍼팅
도 들어가지 않는다. 볼을 친 후의 동작이 그만큼 중요하다. 즉 머리
를 들지 않고 왼쪽 눈만으로 볼의 행방을 쫓는다.

1~2미터의 퍼팅은 잘 들어가기도 하고 또한 잘 벗어나기도 한다.
이 정도 거리의 퍼팅이 잘 빗나가는 이유는 임팩트 순간에 홀 컵을
보기 때문이다. 홀 컵을 보는 행위는 머리를 움직이게 하여 라인이
달라지며 결과적으로 클럽 페이스의 방향이 틀어지게 된다.

거리가 홀 컵에서 멀면 멀수록 홀 컵 근처까지 단순히 볼을 굴리면
되기 때문에, 반대로 수십 센티미터 정도의 짧은 퍼팅이라면 머리를
돌리지 않더라도 홀 컵이 시야에 들어오기 때문에 머리를 움직일 필
요가 없다. 그러나 1~2미터 정도의 퍼팅은 어드레스를 했을 때 홀
컵이 왼쪽 눈의 시야에 들어올까 말까 하는 정도의 거리다.

'홀 컵을 보지 말고 볼만을 뚫어지게 쳐다보라' 고 해도 대부분의
골퍼들은 불안한 나머지 홀 컵을 보는 것이 인지상정이다. 그래서 나
는 불가능한 것을 가르치기보다는 머리를 돌리지 않는다면 홀 컵을
보아도 좋다고 가르치고 싶다.

확실하게 볼을 보면서 볼을 친 후에는 결코 머리를 들지 않은 채
왼쪽 눈만으로 볼의 행방을 쫓는다. 이러한 감각으로 퍼팅을 하기 바
란다.

'컵 인의 소리는 왼쪽 귀로 듣는다' 라는 말을 명심하면 몸을 움직
이지 않은 채 퍼팅하는 것이 가능하다.

실을 따라 퍼터의 헤드를 움직인다

가는 실을 방바닥에 놓고 그 실을 따라가듯이 퍼팅을 하면 헤드 궤도의
움직임을 확인할 수 있다.

안정된 퍼팅을 하는 법

반복해서 퍼팅을 하면 매번 스윙 궤도가 다르다는 것을 느낄 것이다. 놓여 있는 실을 따라 클럽 헤드를 움직이는 연습을 하면 정확하고 안정된 퍼팅을 구사할 수 있다.

홀 컵까지의 거리나 라인을 정확하게 읽었다 하더라도 언제나 일정한 궤도로 클럽 헤드를 가져가지 못하면 홀 컵에 볼이 들어가는 확률이 그리 높지 않으며, 매 홀의 그린에서 헤드의 궤도가 불안정한 사람은 아까운 퍼팅을 반복하기 일쑤다.

이러한 불안정한 헤드 궤도는 퍼터를 들어올릴 때 그리고 내릴 때, 볼을 친 후 등 여러 곳에 원인이 있다. 상급자라 하더라도 돌연 이러한 경우가 생기며 이런 것을 방지하기 위해서는 항상 헤드 궤도를 확인할 필요가 있다.

이러한 확인을 위하여 카페트 위에 실을 늘어놓은 채 그 실을 따라 클럽 헤드를 움직여본다. 그러면 여지껏 몰랐던 자신의 헤드 궤도를 알 수 있다. 퍼터 바로 밑에 실을 둔 상태에서 퍼팅을 했을 때 몸에서 먼 곳(실의 바깥쪽)으로 헤드가 올라가면 볼은 오른쪽으로 꺾여 굴러가기 쉽고, 몸쪽(실의 안쪽)으로 헤드가 올라가면 볼은 왼쪽으로 꺾여 굴러가기 쉽다.

이 연습은 퍼터 헤드의 진행 방향을 잘 알 수 있는 이점도 있다. 그러나 이 연습의 주된 목적은 클럽 헤드의 궤도를 확인하는 것이며, 굴러가는 볼의 방향을 확인하는 것은 아니다.

양발을 붙인 채 선다

왼쪽 팔꿈치를 앞으로 낸다든지 단순히 팔을 이용하여 클럽 페이스의 방향을 수정하는 사람이 많은데 이것은 일시적인 해결책일 뿐이다.

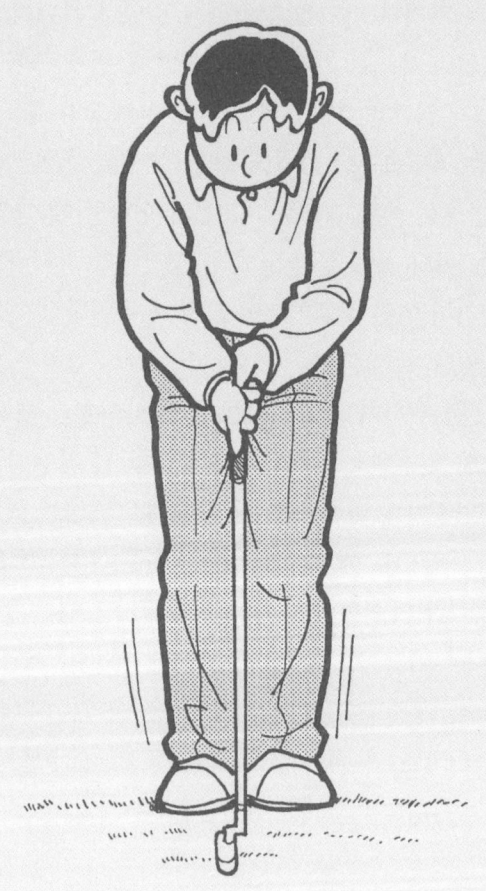

라인에 적합한 어드레스

목표를 향해 양발을 붙인 채 서면 퍼팅 라인과 목표 지점이 동일 직선상에 있는 어드레스를 취할 수 있다. 퍼팅이 서투른 사람은 실전에서 이 방법을 확인해 보길 바란다.

250야드의 비거리를 내는 드라이버나 30센티미터 정도의 퍼팅이나 스토로크 수는 동일하지만, 30센티미터 정도의 퍼팅의 성공 여하가 토너먼트 시합의 우승을 좌지우지하는 경우가 허다하다. 이러한 사실로 미루어 보아 퍼팅이 경기에서 얼마나 중요한 요소인지 실감하리라 믿는다. 그러나 이러한 사실을 뼈저리게 느끼고 있는 사람일지라도 정작 자신의 퍼팅 실력에 대해서는 아직 자신감을 갖지 못한 경우가 많다.

이러한 사람들의 대부분은 퍼팅할 때의 어드레스에 문제가 있는 경우가 많다. 퍼팅이 단지 클럽 페이스의 방향을 목표 방향과 같게 하는 단순한 문제뿐만이 아니라, 다른 13개의 클럽과 마찬가지로 퍼팅에 있어서 어드레스는 굉장히 중요한 요소다.

정확한 퍼팅 어드레스를 익히기 위해서는 양발을 모은 채로 목표 방향을 본 후 퍼팅 연습을 반복하는 것이다.

발을 모은 자세에서의 인간의 감각은 굉장히 예민하며 무의식적으로 안정된 형태를 취하려고 한다. 이것은 눈을 감은 채 평행봉 위에 서면 쉽게 알 수 있는데, 발을 모은 상태에서는 쉽게 설 수 있지만 발을 벌리게 되면 안정된 자세를 취하는 것이 어렵다는 것을 확인할 수 있다. 퍼팅에서도 양발을 모으면 목표 라인과 평행한 어드레스를 쉽게 취할 수 있으며, 이 연습을 반복하면 자연적으로 목표 방향에 올바른 어드레스를 취할 수 있다.

벽에 머리를 붙인 채 퍼터를 휘두른다

라운딩 전날 잠자리에 들기 전에 5분 정도 머리를 움직이지 않는 연습을
하는 것으로 퍼팅 수가 평균 3개는 줄어든다.

라인을 정확히 읽는 법

머리를 벽에 붙이는 것에 대한 저항이 없어지면 자신의 눈이 보는 선과 목표 라인이 중복되며 이 상태에서 라인에 따라 퍼터를 휘두른다.

아마추어 골퍼는 퍼팅할 때 머리를 움직이는 경우가 허다하다. 이 움직임에는 전후 좌우 등 여러 종류가 있으며, 당연히 라인이 흔들려 1미터 정도의 짧은 퍼팅도 실수하는 경우가 많다.

예를 들어 머리를 왼쪽으로 돌린 채 홀 컵을 보면 오른쪽 어깨가 올라가면서 앞으로 나온다. 그러면 눈은 실제의 라인보다 오른쪽을 쳐다보게 된다. 그때 퍼터의 궤도는 대부분 볼의 바깥쪽에서 내려오게 되며 왼쪽으로 볼을 치게 된다.

이러한 설명을 하면 드라이버 샷과 같은 큰 동작을 할 때와 달리 퍼팅처럼 미세한 동작에서 머리를 움직이는 것이 그렇게 큰 영향을 미칠까 하고 생각하는 사람들이 많다. 그러나 아무리 미세한 움직임이더라도 퍼팅에서는 움직인 순간에 라인이 흔들리게 마련이다.

머리를 움직이는 버릇을 교정하기 위한 방법으로 벽에 머리를 붙인 채 퍼팅하는 것을 권장한다. 그리고 머리에 어떤 위화감이 생기더라도 여러 거리에서 연습을 하기 바란다. 경우에 따라서는 머리를 벽에 붙이는 것이 힘들 수도 있으나 그럴 때는 머리를 움직였다는 증거다. 머리를 벽에 붙인 채 스윙을 하는 것이 자연스러워지면 자신의 눈과 목표 라인이 중복되었다는 증거다.

볼을 퍼터의 페이스에 붙인 채 친다

헤드를 올리는 방향을 정확하게 겨냥하지 않으면 홀 컵을 겨냥한 퍼팅이
들어가지 않는다.

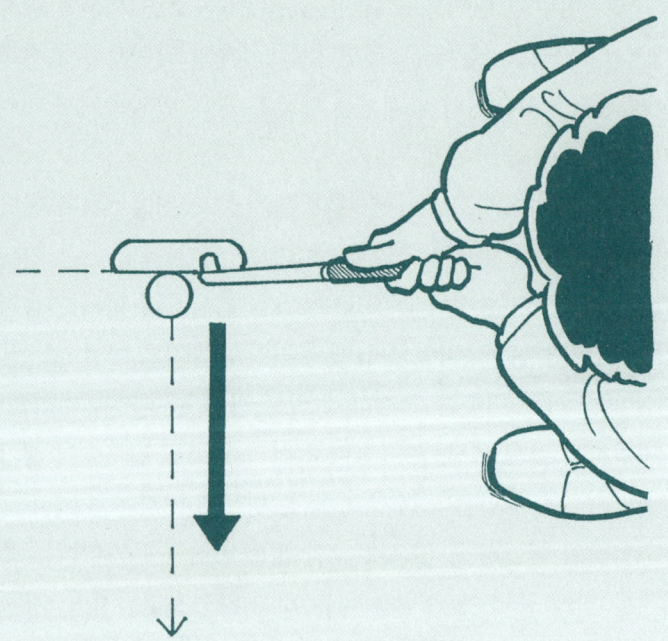

폴로 스루의 감각

퍼팅에서 임팩트 후에 어느 정도 헤드가 자연적으로 회전하는 듯한
움직임이 필요하다는 것을 실감할 수 있다.

우드나 아이언의 경우 임팩트 후 클럽 헤드가 어떠한 움직임을 하
든지 구질에는 영향을 미치지 않는다고 생각할지 몰라도 임팩트 후
의 헤드의 움직임은 임팩트 전의 클럽을 들어올렸다 내렸다 하는 움
직임과 밀접한 관계가 있다. 이것은 퍼팅에서도 마찬가지이며 이 중
요한 사실을 가볍게 여겨서는 안된다. 임팩트 후에 헤드를 어느 쪽으
로 휘두르는가는 볼을 어느 쪽으로 굴러가게 하는가와 밀접한 관계
가 있다.

홀 컵을 향해 언제나 같은 방향으로 헤드를 내는 감각을 익히기 위
해서 이런 연습이 필요하다. 먼저 볼과 페이스를 붙인다. 그리고 페
이스 면의 각도는 목표 라인과 직각이다. 그리고 헤드를 사용하여 볼
에 힘껏 스핀을 거는 것처럼 홀 컵을 향해 볼을 굴린다.

이렇게 했을 때 목표를 향해 볼이 똑바로 굴러가면 홀 컵에 대해
헤드가 곧장 나갔다는 증거다. 초보자는 대체로 볼이 왼쪽이나 오른
쪽으로 굴러가게 된다. 왼쪽으로 볼이 굴러가는 사람은 헤드 궤도가
임팩트 시에 안쪽으로 너무 들어왔다는 것을 의미하며, 오른쪽으로
볼이 굴러가는 사람은 역으로 바깥쪽으로 헤드 궤도가 나간 것을 의
미한다.

그리고 이 연습은 빠른 그린에 익숙해지기 위한 연습으로도 적합
하다.

볼이 굴러가는 방향으로 헤드를 내민다

롱 퍼팅의 거리감에 자신이 없는 사람은 골프 경험이 많지 않아서라고
변명하지만 스트로크의 방법에 문제가 있는 것이다.

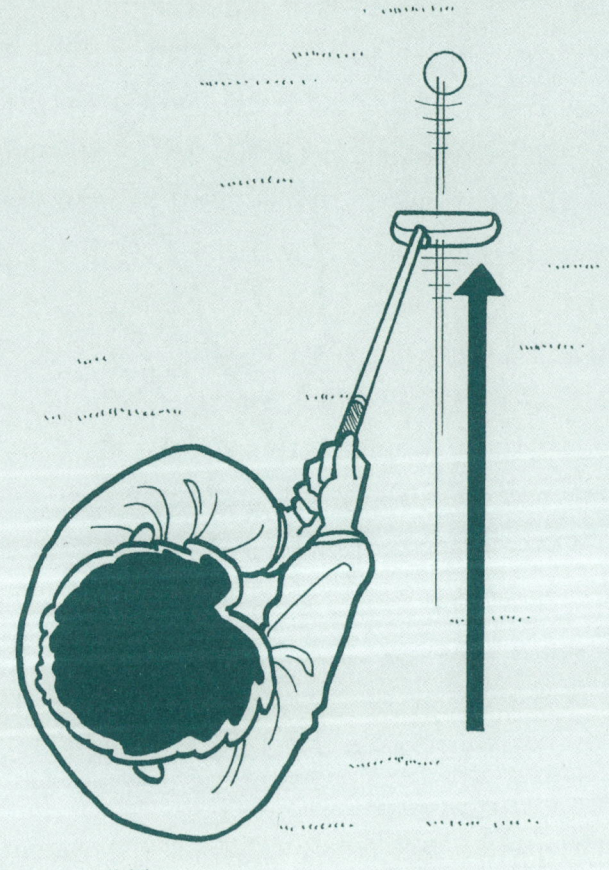

롱 퍼팅의 거리감

볼을 친 후 퍼터의 헤드가 굴러가는 볼을 따라가게 되면 거리감을
익힐 수 있다.

롱 퍼팅의 거리감을 잡지 못하는 사람은 퍼팅 방법에 문제가 있다.
스트로크를 할 때 볼을 굴리려고 하지 않고 손과 팔만을 이용하여 큰
스윙을 할 뿐이다. 클럽을 뒤로 가져갈 때 몸도 함께 오른쪽으로 움
직이지 않았는지 또는 볼을 친 후에 몸이 왼쪽으로 움직이지 않았는
지 살펴본다.

실제로 위에서와 같은 자세로 치더라도 볼은 굴러간다. 그러나 손
과 팔의 스윙 폭만 크게 할 뿐, 볼을 굴리려고 하지 않기 때문에 헤드
스피드가 일정치 않게 되며 좌우의 움직임에 따라 상반신의 상하 운
동도 크게 일어난다. 그 결과 볼의 윗부분을 친다든지 뒤땅을 치게
된다.

롱 퍼팅이 서투른 경우 거리감을 익히기 위해서는 볼을 친 후에 굴
러가고 있는 볼의 방향으로 클럽 헤드가 무의식적으로 따라가게 한
다. 몇 개의 볼을 연습하면 머리를 임팩트 위치에서 고정시켜야 한다
는 사실을 터득하게 되며, 임팩트 순간의 자세도 확인할 수 있다. 만
약 어드레스 때의 볼 위치보다 왼손이 홀 컵 방향으로 나간 상태에서
임팩트를 하면 목표 방향으로 볼을 곧장 굴리는 것이 불가능하며 클
럽 헤드가 볼을 따라가는 것이 어렵다.

한쪽 손만으로 스트로크를 한다

스스로 잘 알지 못하는 미스 퍼팅의 원인을 파악하기 위해 한쪽 손만으로 퍼팅을 해본다.

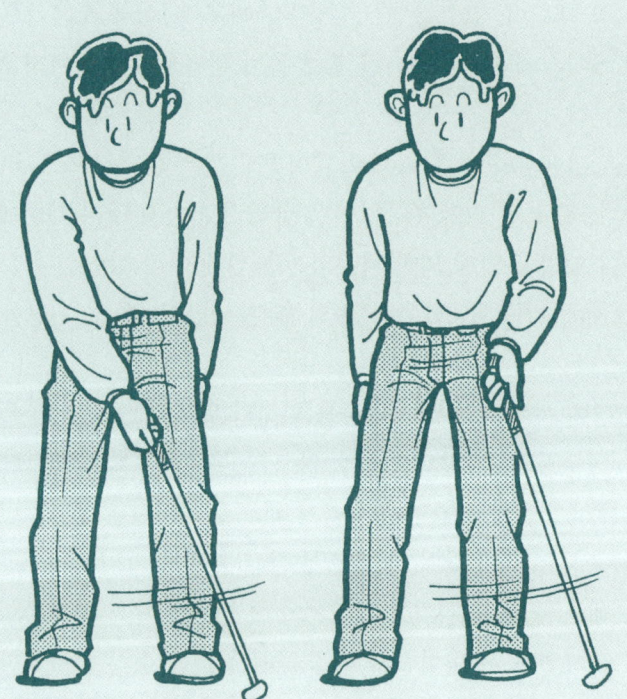

미스 퍼팅의 원인 확인

이 연습은 폴로가 자연스러워지고 상태가 좋지 않은 그린에서 잔디에 구애받지 않으며 볼의 회전이 좋은 퍼팅을 구사할 수 있다. 그리고 롱 퍼팅의 연습도 된다.

왼쪽으로 당겨치거나 볼의 윗부분을 치거나 거리감이 맞지 않는 등 미스의 원인을 알 수 없을 때는 왼손 또는 오른손만으로 스트로크를 하여 퍼팅을 확인한다. 짧은 거리의 퍼팅이 왼쪽으로 비켜가게 되면 다음번 퍼팅에서 홀 컵을 오버하면서 오른쪽으로 비켜가는 퍼팅을 구사하는 경우가 종종 있다. 그리고 이러한 것을 두려워하면 왼손이나 오른손을 미묘하게 움직여 점점 더 퍼팅이 난조를 보이게 된다. 이런 상태에 이르면 아무리 짧은 퍼팅이더라도 대부분의 골퍼는 자신감을 잃게 된다. 이러한 증상을 경험한 사람은 왼손만으로 퍼팅을 연습하기 바란다. 왼손만을 사용하기 때문에 클럽 헤드의 무게를 이용하여 스윙을 할 수밖에 없고 결과적으로 몸에 불필요한 힘이 들어가지 않으며 폴로도 자연스럽게 취할 수 있다.

볼을 당겨치는 버릇을 가진 사람 중에는 오른쪽 어깨가 앞으로 나오는 것이 원인인 경우가 있다. 이러한 사람은 역으로 오른손만으로 퍼팅 연습을 하기 바란다. 물론 왼손을 사용하지 않기 때문에 볼이 왼쪽으로 굴러가는 경향이 있다. 오른쪽 어깨를 고정시킨 채 클럽 페이스를 정면으로 하여 볼을 치는 버릇을 익히지 않으면 목표 방향으로 볼을 굴리는 것이 어렵다. 이러한 연습을 통해 오른손의 감각을 익히기 바란다. 다음에는 양손을 사용하여 보통 때와 같이 스트로크를 해본다. 왼손과 오른손이 제각기 역할을 하여 균형 있게 기능할 때 자연스러운 스트로크가 가능하다는 것을 실감하게 될 것이다.

접는 우산을 사용하여 어드레스를 취한 채 우산의 무게를 느낀다

접는 우산을 퍼터 대용으로 사용하여 어드레스를 취한다. 어떻게 잡고 어떤 자세를 취했을 때 우산의 무게를 실감할 수 있는지 손의 위치를 확인한다.

헤드 무게를 활용하는 법

클럽을 바르게 잡는 방법을 익힘으로써 오른손의 힘과 손목의 코킹을 무리하게 사용하는 버릇을 교정할 수 있으며, 진정한 스트로크의 의미를 알 수 있다.

퍼터는 골프 클럽 중에서 가장 길이가 짧은데, 짧은 만큼 볼을 컨트롤하기 쉽다고 생각한 나머지 손이나 팔의 힘 조절만으로 볼을 컨트롤하려고 하는 사람들이 많다.

그러나 퍼터에도 다른 클럽과 마찬가지로 헤드와 샤프트가 있으며, 헤드와 샤프트의 무게를 잘 이용하여 볼을 쳐야만 살아 있는 듯이 볼을 굴릴 수 있다.

헤드의 무게를 느낄 수 있는 연습 방법으로 접는 우산을 이용하여 어드레스를 취한다. 이때는 어떤 식으로 우산을 잡든지 상관이 없다. 그러나 양손에 힘을 가득 준 채 우산을 잡으면 우산의 무게를 전혀 느낄 수 없다. 마찬가지로 손의 위치를 극단적으로 왼쪽이나 오른쪽으로 가져가서 잡아도 우산의 무게를 전혀 느낄 수 없다.

우산을 좌우로 가볍게 흔들면서 적당히 힘 조절을 하여 자연스럽게 잡는 법을 찾는다. 그러면 양손이 턱 밑에 위치했을 때 가장 자연스럽다는 것을 느끼게 될 것이다. 이러한 위치를 찾은 후 실제로 퍼터를 가지고 확인한다. 헤드의 무게를 느낄 수 있으면 샤프트를 이용한 추 운동에 의해 헤드를 움직일 수 있기 때문에 살아 있는 듯한 볼을 굴릴 수 있다.

두 개의 볼을 나란히 세운 후 친다

클럽 페이스 정면으로 볼을 치지 못하는 사람은 두 개의 볼을 나란히 세운 후 같은 방향으로 볼이 굴러가도록 쳐서 굴러가는 볼의 속도를 확인한다.

연습 그린에서 확인하는 법

클럽 페이스 정면으로 볼을 치지 못하는 사람은 두 개의 볼을 나란히 세운 후 같은 방향으로 볼이 굴러가도록 스트로크를 하여 클럽 페이스에 볼이 정면으로 맞았는지 확인한다.

평균 스트로크 수가 100이하인 골퍼가 오전에 42타, 오후에 57타를 치는 경우가 있다. 그날따라 오비를 많이 날렸다든지 뒤땅을 많이 쳤다든지 여러 가지 요소를 생각할 수 있지만 무엇보다 퍼팅의 난조가 스코어에 직결되는 경우가 많다.

퍼팅도 그날 그날의 몸의 미묘한 컨디션에 따라 오른쪽으로 볼을 굴린다든지 왼쪽으로 볼을 당겨치게 된다. 이러한 증상의 주원인은 언제나 동일한 상태에서 볼을 치지 못하기 때문이다.

이러한 사람은 볼을 두 개 나란히 세운 후 퍼팅을 한다. 만약 페이스가 임팩트 시에 볼에 정면으로 맞았다면 볼은 두 개 모두 같은 방향으로 굴러갈 것이다. 당겨쳤을 경우에는 몸쪽에서 멀리 있는 공이 먼저 왼쪽으로 굴러가며, 밀어쳤을 경우에는 몸쪽의 공이 먼저 오른쪽으로 굴러간다. 매일 같은 방향으로 두 개의 볼이 굴러가도록 연습을 하면 당일의 컨디션에 따라 밀어치거나 당겨치는 퍼팅을 교정할 수 있다.

연습 그린에서 확인하기 바라며 볼이 정확하게 클럽 페이스 정면에 맞았다면 경쾌한 소리와 함께 살아 있는 듯이 볼이 굴러간다.

임팩트 순간에 얼굴을 오른쪽으로 향한다

짧은 거리의 퍼팅을 했을 때 방향은 목표 라인과 동일한데 홀 컵 직전에서 볼이 정지해 버리는 경우가 허다하다.

짧은 거리의 퍼팅의 확실성

퍼팅을 한 직후에 머리를 오른쪽으로 돌린다. 그러면 퍼터의 헤드가 홀 컵 방향으로 향하게 되며 볼은 살아 있는 듯이 홀 컵 쪽으로 들어가게 된다.

짧은 거리의 퍼팅을 구사했을 때 홀 컵 직전에서 볼이 멈추어 서 버렸다. '조금만 더 세게 칠 걸' 배포가 약한 자신을 탓한다. 그러나 이러한 퍼팅의 원인은 소심하거나 용기가 없어서가 아니고 퍼팅하는 방법에 문제가 있다.

예를 들어 임팩트한 순간에 얼굴이 홀 컵 방향으로 향하는 사람은 이 연습을 통해 짧은 거리의 퍼팅 미스를 줄일 수 있다. 이러한 미스가 나오는 사람은 처음부터 체중이 왼쪽에 많이 실려 있고 스윙을 한 후에도 폴로를 취하기 힘들다. 그래서 굴러가는 볼의 힘이 약해져 홀 컵 앞에서 볼이 정지하게 된다.

이런 습관을 고치기 위해서는 임팩트와 동시에 머리를 홀 컵 반대 방향으로 움직이는 연습을 한다. 그러면 볼이 곧바로 굴러가며 홀 컵 직선에서 멈추는 것을 교정할 수 있다.

이 연습의 원리는 일종의 오뚝이 인형의 움직임과 같다고 할 수 있다. 머리를 오른쪽으로 움직이면 클럽 헤드는 왼쪽으로 힘있게 나아가게 되는 원리이며, 볼에 보다 큰 힘을 가하는 것이 가능해진다. 그리고 머리를 오른쪽으로 움직임으로써 왼쪽으로 많이 실린 체중을 경감하는 효과가 있다.

문지방에서 볼을 친다

높이가 그다지 높지 않은 문지방을 이용하여 간단히 퍼팅 연습을 할 수 있다.

동일한 스트로크의 기억

문지방의 레일에 볼을 놓은 채 문지방에서 볼이 벗어나지 않도록 볼을 침으로써 퍼팅의 스트로크를 익힐 수 있다.

여닫이문의 문지방을 이용하여 충분히 퍼팅 연습을 할 수 있다. 연습 방법은 지극히 간단하며 문지방의 레일에 볼을 둔 채 퍼터로 친다. 볼이 문지방에서 벗어나지 않으면서 굴러가면 합격이다.

그러나 문지방의 레일 위로 볼을 굴리는 것이 생각보다 쉽지 않다는 것을 느끼게 될 것이다. 이 연습을 계속하면 퍼터 헤드의 궤도가 목표 방향과 동일한지 확인할 수 있다.

헤드가 바깥쪽에서 안쪽으로 내려오는 궤도에서 볼을 맞히게 되면 볼은 문지방에서 벗어나 왼쪽으로 굴러간다. 그리고 안쪽에서 바깥쪽으로 헤드가 내려오게 되면 볼은 문지방에서 벗어나 오른쪽으로 굴러간다.

문지방에서 볼이 벗어나지 않도록 연습을 반복하는 가운데 자연히 볼에 회전을 가하는 법을 익히게 될 것이다. 빠른 그린에 적응하기 위한 좋은 연습이며 문지방 자체가 헤드 궤도를 나타내는 좋은 표본이 된다.

텔레비전에서 프로의 퍼팅 모습을 연구한다

토너먼트 프로 경기를 단지 관전만 할 것이 아니라 자신의 골프 실력을
향상시키기 위한 자료로 삼는다.

프로의 기술을 훔치는 법

토너먼트 프로의 시합은 프로의 퍼팅 기술을 훔치는 데 더할 나위 없이 좋다. 텔레비전에서 프로의 퍼팅 장면을 방영하는 시간이 다른 부분에 비해 월등히 많기 때문에 이것을 잘 활용하여 자신의 골프 실력을 향상시킨다.

골프 시즌이 되면 매주 텔레비전에서 토너먼트 프로의 시합을 방영하는데 단순히 시합을 관전하기보다는 시합을 관전하면서 자신의 골프 실력을 조금이나마 향상시키는 방법을 찾는 것이 좋다.

텔레비전을 보면서 쉽게 배울 수 있는 것이 퍼팅 기술이다. 물론 우드나 아이언 샷도 참고로 할 수 있지만 이러한 샷은 실제로 클럽을 잡은 후 몸으로 익히는 것이 중요하다. 그러나 퍼팅은 보는 것만으로도 실력이 많이 향상되며 퍼팅 기술보다는 퍼팅에 대한 생각, 그린 공략법 등을 중점적으로 확인하기 바란다.

그러나 시합을 관전하면서 조금이나마 실력 향상을 꾀한다면 누워서 보거나 앉아서 보지 말고 실제로 퍼터를 잡은 채 서서 시합을 보는 것을 권한다. 그리고 프로 선수가 퍼팅을 할 때 자신도 같은 리듬으로 같은 어드레스를 취한다. 그리고 텔레비전을 보면서 똑같이 스트로크를 한다. 이때 가장 자신에게 맞는 선수의 리듬에 맞추는 것이 중요하다. 프로 시합의 경우 텔레비전에서는 대개 4홀, 5홀 정도를 방영하기 때문에 10번 정도 자신의 리듬에 맞는 선수의 퍼팅을 볼 수 있다. 그러므로 한 선수에 초점을 맞춤으로써 그 선수가 가진 리듬과 타이밍을 훔칠 수 있다. 살아 있는 교재를 잘 활용하기 바란다.

옮긴이 차병기(골프를 사랑하는 공학박사)

1963년 부산 출생.

현재 큐슈정보대학 조교수

큐슈골프 대표

(http://www3.coara.or.jp/~qshugolf/)

스코어를 확실하게 줄일 수 있는
골프 연습 365

초판 발행   2006년 4월 25일

초판 3쇄   2009년 1월 20일

지은이   타하라 히로시

옮긴이   차병기

펴낸이   안창근

펴낸곳   고려닷컴

출판등록   2004년 7월 22일 제7-284호

주소 서울 도봉구 창동 333-2 한성빌딩 702호

전화 02-996-0715 팩스 02-996-0718

E-mail koryo81@hanmail.net

ISBN 89-91335-08-X 13690